Libellus Exercitiōrum -

Numa Pompilius

Rēgēs Rōmae - Volūmen II

Libellus ā Paulō J. Hays scrīptus

et figūrīs ā Clarā Kushner dēlīneātīs ornātus

Classical Input
ClassicalInput.com

Illustrations and cover by Clara Kushner.

First paperback edition August 2023

ISBN 9798852683991

Series : Rēgēs Rōmae
Volūmen II

Classical Input
ClassicalInput.com
Classical.Input@gmail.com

parentibus meīs

piīs

Index

Numa Pompilius

Nōmen:________________________

Diēs : ____/____/____

Capitulum Prīmum

Quadrāns: _____ Hebdomas: _____

PĒNSUM A - Scrībe litteram prope verbum quod dēbet ponī in spatiō:

Write the letter next to the word which should be put in the blank:

Capitulum Primum - Senātor Rōmānus - Dē Novō Rēge

Nunc nōs Rōmānī rēgem nōn habēbāmus. Rōmulus mortuus erat. Nōs **–A–** nōn erāmus rēgēs. Fortasse nōn necesse erat nōbīs rēgem habēre. Aliī senātōrēs volēbant rēgem novum ēligere. Sed aliī senātōrēs rēgem novum ēligere nōlēbant.

Omnēs Rōmānī senātōrēs nōn erant. **–B–** Rōmānus rēgem habēre volēbat. Multī senātōrēs rēgem habēre nōlēbant. Nunc tempus inter rēgēs erat. Nōmen temporī erat interregnum. Egone volēbam rēgem habēre? Nesciēbam. Vīsne tū rēgem habēre? Fortasse interregnum bonum erat, fortasse malum.

Nōn habēre rēgem nōn dēlectat populum Rōmānum. Populus **–C–** , "in locō ūnius rēgis nunc habēmus centum senātōrēs. Nunc habēmus centum rēgēs. Nolumus habēre centum rēgēs." Ūnus senātor "nōs senātōrēs," ait, "possumus regere vel gubernāre rem pūblicam. Nōn necesse est ēligere rēgem." Poterantne senātōrēs regere rem pūblicam? Populus Rōmānus nōn crēdēbat senātōribus. Populus Rōmānus nōlēbat senātōrēs gubernāre rem pūblicam. Crēdēsne tū?

Ut vidēbātur mihi, necesse erat nōbīs ēligere rēgem. Quem ēligere dēbēbāmus? Dēbēbāmusne ēligere ducem mīlitum? Rōmulus erat bonus dux mīlitum. Dēbēbāmusne nōs **–D–** similem novum rēgem? Ūnus senātōr, "dēbēmus ēligere," mihi ait, "rēgem novum nōn similem. Nōn dēbēmus ēligere dūcem mīlitum. Virum pium ēligere debēmus."

Quis est vir pius? Vir pius amat deōs. Vir pius colit deōs. Quōmodo vir pius deōs colit? Vir **–E–** facit sacrifica. Vir pius fert animal sacerdōtibus, et sacerdōtēs animal deō sacrificant. Fortasse vir pius quoque orat deum. Sacertōtēs orant, et aliī hominēs orant. Nōn sōlum sacerdōtēs dēbent esse piī, sed etiam aliī hominēs piī esse dēbent.

Quem virum pium ēligere poterāmus? Quis erat pius? Quis poterat regere rem publicam? Quis quoque poterat **–F–** ? Quis sacrificābat animālia et deōs amābat?

Ego audiēbam nunc dē virō piō, cui nōmen erat Numa Pompilius. Audiēbam eum esse bonum et pium. Etiam audiēbam Numam sacrificāre deīs. Audiēbam orāre eum dēlectāre. Aliī senātōrēs quoque audiēbant dē Numā piō. Aliī senātōrēs nunc volēbant habēre fīnem **–G–** et ēligere Numam pium rēgem.

Numa habitābat in urbe, cui nōmen Curēs erat. Numa Rōmae nunc nōn habitābat. Curēs erat urbs Sabīnōrum. Sabīnī sunt aliī hominēs et habitābant prope Rōmam. Numa vir Sabīnus erat. Et nunc vocābāmus Numam pium Rōmam. Numa vēnit et rogābat dē auguriīs. Quid est augurium? Sacerdōs, quī vocābātur augur, **–H–** avēs et intellegit signum deī. Numa pius volēbat augurem aspicere auguria antequam senātōrēs eum ēlēgērunt. Sī auguria erant bona, Numa erat rēx futūrus . Sī auguria mala erant, Numa rēx nōn erat.

Augur nunc **–I–** dēmōnstrāvit partēs caelī. Deinde posuit baculum in dextrā manū et posuit sinistram in capite Numae. Orāvit deum. Augur orāvit dē Numā. Dēbetne esse rēx? Augur quoque orāvit deum signa vel auguria. Nunc augur vīdit avēs et augurium in **–J–** . Augur "auguria," ait, "sunt bona. Numa pius rēx esse dēbet!" Nunc multī senātōrēs et populus ēlēgērunt Numam rēgem.

Vocābula:

1. ____ interregnī **2.** ____ ait **3.** ____ orāre **4.** ____ caelō **5.** ____ pius

6. ____ senātōrēs **7.** ____ baculō **8.** ____ ēligere **9.** ____ populus **10.** ____ aspicit

Numa Pompilius

Capitulum Prīmum

Nōmen:______________________

Diēs : ____/____/____

Quadrāns: _____ Hebdomas: _____

PĒNSUM B - Scrībe litterās persōnīs in spatiīs!

Write the letters for the characters in the spaces!

Capitulum Primum - Senātor Rōmānus - Dē Novō Rēge

1. _____ Audiēbam **eum** esse bonum et pium.

2. _____ Nunc augur vīdit avēs et augurium in caelō.

3. _____ nunc baculō dēmōnstrāvit partēs caelī.

4. _____ nōn crēdēbat senātōribus. nōn volēbat senātōrēs gubernāre rem pūblicam.

5. _____ vēnit et rogābat dē auguriīs.

6. _____ Deinde posuit baculum in dextrā manū et posuit sinistram in capite.

7. _____ habitābat in urbe, cui nōmen Curēs erat.

8. _____ Is pius rēx esse dēbet!

9. _____ vir Sabīnus erat.

10. _____ **ait**, "in locō ūnius rēgis nunc habēmus centum senātōrēs. Nunc habēmus centum rēgēs. Nolumus habēre centum rēgēs."

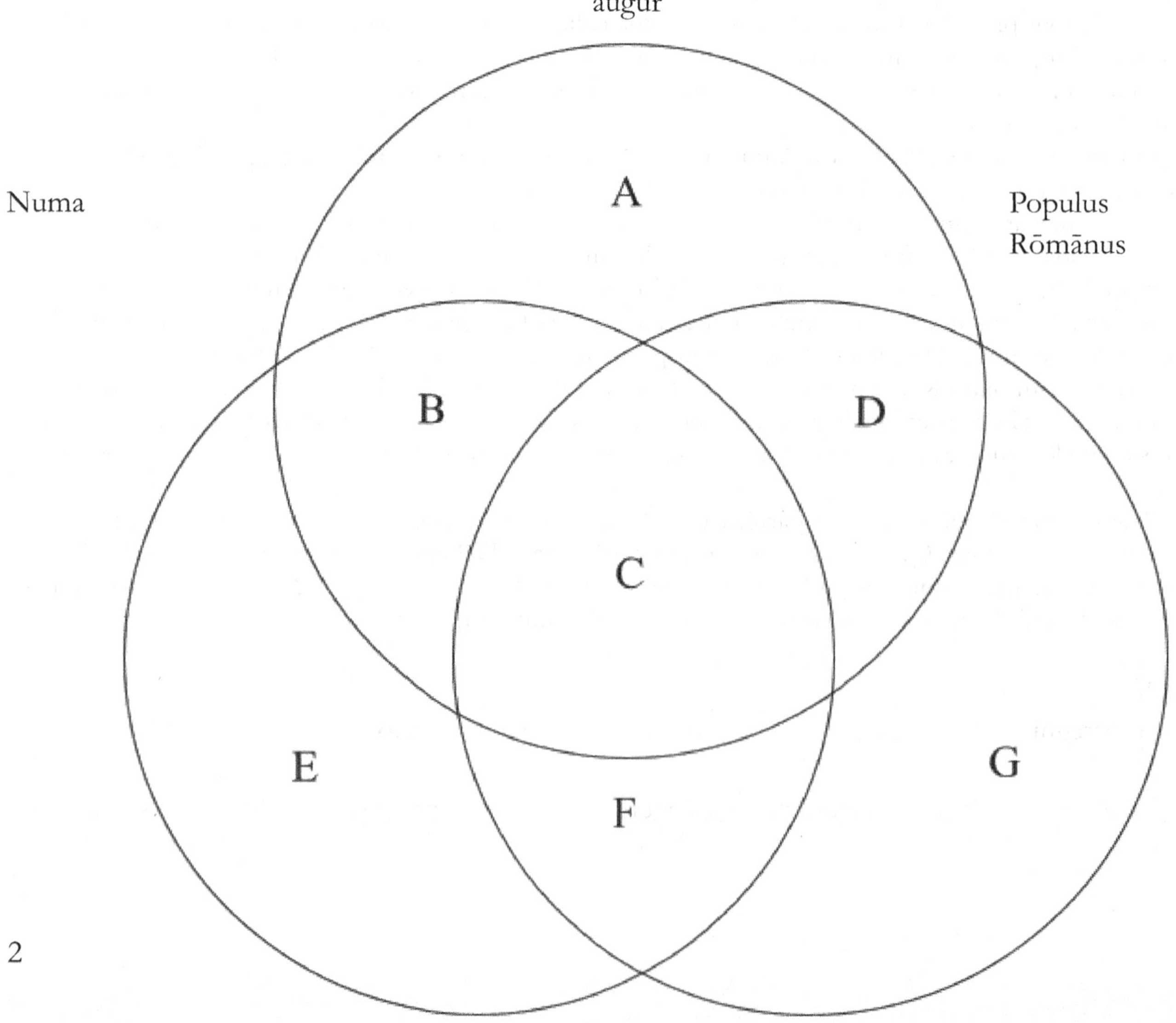

Numa Pompilius

Nōmen:________________________

Diēs : _____/_____/_____

Capitulum Prīmum

Quadrāns: ______ Hebdomas: ______

PĒNSUM C - Dēlīneā circulum circum verbum prāvum quod nōn in fābulā est!

Draw a circle around the incorrect word which is not in the story:

Capitulum Primum - Senātor Rōmānus - Dē Novō Rēge

1. Nunc nōs Rōmānī rēgem nōn habēbāmus. Rōmulus mortuus erat. Nōs senātōrēs nōn erāmus rēgēs. Fortasse nōn necesse erat nōbīs mēnsam habēre. Aliī senātōrēs volēbant rēgem novum ēligere. Sed aliī senātōrēs rēgem novum ēligere nōlēbant.

2. Omnēs Rōmānī senātōrēs nōn erant. Populus Rōmānus rēgem habēre volēbat. Multī senātōrēs rēgem habēre nōlēbant. Nunc stilus inter rēgēs erat. Nōmen temporī erat interregnum. Egone volēbam rēgem habēre?

3. Nōn habēre rēgem nōn dēlectat populum Rōmānum. Populus ait, "in locō ūnius rēgis nunc habēmus centum senātōrēs. Nunc habēmus centum rēgēs. Nolumus habēre centum canēs." Ūnus senātor "nōs senātōrēs," ait, "possumus regere vel gubernāre rem pūblicam."

4. Ut vidēbātur mihi, necesse erat nōbīs ēligere rēgem. Quem ēligere dēbēbāmus? Dēbēbāmusne ēligere ducem mīlitum? Rōmulus erat ferus dux mīlitum. Dēbēbāmusne nōs ēligere similem novum rēgem?

5. Ūnus senātōr, "dēbēmus ēligere," mihi ait, "rēgem novum nōn similem. Nōn dēbēmus ēligere dūcem mīlitum. Virum pium comedere debēmus."Quis est vir pius? Vir pius amat deōs. Vir pius colit deōs. Quōmodo vir pius deōs colit? Vir pius facit sacrifica.

6. Vir pius fert animal sacerdōtibus, et sacerdōtēs animal deō sacrificant. Fortasse vir pius quoque orat deum. Sacertōtēs orant, et aliī fēlēs orant. Nōn sōlum sacerdōtēs dēbent esse piī, sed etiam aliī hominēs piī esse dēbent.

7. Quem virum pium ēligere poterāmus? Quis erat pius? Quis poterat regere rem publicam? Quis quoque poterat orāre? Quis sacrificābat animālia et deōs amābat? Ego audiēbam nunc dē ursō piō, cui nōmen erat Numa Pompilius. Audiēbam eum esse bonum et pium.

8. Etiam audiēbam Numam sacrificāre deīs. Audiēbam orāre eum dēlectāre. Aliī senātōrēs quoque audiēbant dē Numā piō. Aliī senātōrēs nunc volēbant habēre fīnem interregnī et ēligere Numam pium rēgem. Numa habitābat in sellā, cui nōmen Curēs erat. Numa Rōmae nunc nōn habitābat.

9. Curēs erat urbs Sabīnōrum. Sabīnī sunt aliī hominēs et habitābant prope Rōmam. Numa vir Sabīnus erat. Et nunc vocābāmus Numam pium Rōmam. Numa fugit et rogābat dē auguriīs. Quid est augurium? Sacerdōs, quī vocābātur augur, aspicit avēs et intellegit signum deī.

10. Augur nunc baculō dēmōnstrāvit partēs caelī. Deinde posuit baculum in dextrā manū et posuit sinistram in capite Numae. Orāvit deum. Augur orāvit dē Numā. …Nunc augur vīdit magistrōs et augurium in caelō. Augur "auguria," ait, "sunt bona. Numa pius rēx esse dēbet!"

Numa Pompilius

Capitulum Prīmum

Nōmen:______________________

Diēs : ____/____/____

Quadrāns: _____ Hebdomas: _____

PĒNSUM D - Dēlīneā significātiōnem in arcā super locutiōnem!

Draw the meaning in the box above the phrase!

Capitulum Primum - Senātor Rōmānus - Dē Novō Rēge

Rōmulus mortuus erat.	tempus inter rēgēs	populus ait
centum senātōrēs	dux mīlitum	Vir pius colit deōs.
sacerdōtēs animal deō sacrificant	audiēbam	habitābat in urbe
augur aspicit avēs	baculō dēmōnstrāvit partēs caelī	posuit sinistram in capite

Numa Pompilius

Nōmen:______________________

Diēs : ____/____/____

Capitulum Prīmum

Quadrāns: _____ Hebdomas: _____

PĒNSUM E - Responde Latinē sententiīs complētīs! Reply in Latin in complete sentences!

1. **Quī (who? pl.)** rēgem nōn habēbant? Quis mortuus erat?

____

2. Erant**ne** senātōrēs rēgēs, ita **an (or)** minimē? Quid significat Anglicē, "rēgem ēligere nōlēbant"?

____

3. **Quid** populus Rōmānus volēbat? Quod nōmen nunc erat temporī?

____

4. Quid significat Anglicē, "in locō ūnius rēgis"? **Quot (how many)** rēgēs populus nunc habēbat?

____

5. Crēdēbat**ne** populus Rōmānus senātōribus, ita an minimē? Quid bonus dux mīlitum erat?

____

6. **Quālem (what kind of)** rēgem dēbēbant ēligere? **Quid agit (what does___ do)** vir pius?

____

7. Quid vir pius sacerdōtibus fert? Orat**ne** vir pius deum **an** magistrum?

____

8. **Quī** dēbent esse piī? Quid significat Anglicē, "rēgere rem publicam"?

____

9. **Quod** nōmen erat piō virō? **Quī aliī (who else pl.)** audiēbant dē virō piō?

____

10. Volēbant**ne** senātōrēs fīnem interregnī habēre, ita an minimē? **Ubi (where)** Numa habitābat?

____

Numa Pompilius

Nōmen:________________________

Diēs : ____/____/____

Capitulum Prīmum

Quadrāns: _____ Hebdomas: _____

I. Scrībe rēcta responsa in spatiīs! Ūtere verbis vel fīnibus in margine!
Write the correct answers in the spaces! Use the words or endings in the margin!

Capitulum Primum - Senātor Rōmānus - Dē Novō Rēge

Exercitium I

1. Rōmānī rēgem nōn ___________.
2. Rōmulus Rōmae ___________.
3. Nōs Rōmae nōn ___________.
4. Numa in urbe, cui nōmen Cūrēs erat, ___________.
5. Populus Rōmānus centum senātōrēs ___________.
6. Ego domum Rōmae nōn ___________.
7. Tūne Rōmae ___________?
8. Vōs in urbē Sabīnā nōn ___________.

ego - bam
tū - bās
is/ea/id - bat

nōs - bāmus
vōs - bātis
eī/eae/ea - bant

habēre
habitāre

Exercitium II

1. Rōmulus mortuus ___________.
2. Vōs mortuī nōn ___________.
3. Omnēs Rōmānī senātōrēs nōn ___________.
4. Senātor vir ___________.
5. Ego rēx Rōmae nōn ___________.
6. Numa vir Sabīnus ___________.
7. Tū Sabīna nōn ___________.
8. Nōs senātōrēs rēgēs nōn ___________.

Sum Temporis Imperfectī

ego eram
tū erās
is/ea/id erat

nōs erāmus
vōs erātis
eī/eae/ea erant

Exercitium III

1. Populus ___________ ēligere volēbat.
2. Senātōrēs in ___________ habitābant.
3. Senātōrēs ___________ ēligere nōlēbant.
4. Necesse erat ___________ habēre.
5. ___________ Rōma erat.
6. Sacerdōtēs in ___________ deum orābant.
7. Cūrēs erat ___________ Sabīnōrum. Fortasse augur nōn in ___________ habitābat.
8. Rōmānī ___________ ēligere dēbēbant. Numa alter ___________ erat.

rēx est
videō rēgem

urbs est
videō urbem
in urbe

Numa Pompilius

Capitulum Prīmum

Nōmen:______________________
Diēs : ____/____/____
Quadrāns: _____ Hebdomas: _____

Exercitium IV

1. Multī senātōrēs rēgem habēre ____________ .
2. Populus Rōmānus rēgem habēre ____________ .
3. ____________ne tū rēgem habēre?
4. Numa auguria ____________ .
5. Multī sacerdōtēs animālia sacrificāre ____________ .
6. Ego deum orāre ____________ . Augur avēs aspicere ___________ .
7. Populus Rōmānus ____________ senātōrēs gubernāre rem pūblicam.
8. Vōs**ne** rēgem ___________ ? Ego rēx esse ___________ .

ego -__bam
tū -__bās
is/ea/id -__bat

nōs -__bāmus
vōs -__bātis
eī/eae/ea -__bant

volō
nōlō

Exercitium V

Quod vocābulum est simile eōdem in modo?

What vocab word is similar in the same way?

1. populus : volō :: senātor: ____________
2. sacerdōs : orat :: augur: ____________
3. mīles : dux :: populus : ____________
4. avis : animal :: mīles : ____________
5. augur : orat :: sacerdōs : ____________
6. animal : populus :: populus : ____________
7. dux : mīles :: rēx : ____________
8. mīles : populus :: augur : ____________

animal
augur
avis
deus
dux
mīles
populus
rēx
sacerdōs
senātor
aspiciō
nōlō
orō
sacrificō
volō

Exercitium VI

Quis est? Vel quī sunt? Who is it? Or who are they?

1. Habitābat in urbe, cui nōmen Curēs erat.
2. Aliī volēbant rēgem novum ēligere, sed aliī nōlēbant.
3. Erat bonus dux mīlitum.
4. Aspicit avēs et intellegit signum deī.
5. Ait, "in locō ūnius rēgis nunc habēmus centum."
6. Vēnit et rogābat dē auguriīs.
7. Baculō dēmōnstrāvit partēs caelī.
8. Nōn crēdēbat senātōribus.

Populus Rōmānus
Rōmulus
Senātōrēs
Numa Pompilius
augur

Nōmen:______________________
Diēs : ____/____/____
Quadrāns: _____ Hebdomas: _____

Exercitium VII

Nunc nōs Rōmānī rēgem nōn habēbāmus. Rōmulus mortuus __________. Nōs senātōrēs nōn __________ rēgēs. Fortasse nōn necesse __________ nōbīs rēgem habēre. Aliī senātōrēs volēbant rēgem novum ēligere. Sed aliī senātōrēs rēgem novum ēligere nōlēbant.

Omnēs Rōmānī senātōrēs nōn __________. Populus Rōmānus rēgem habēre volēbat. Multī senātōrēs rēgem habēre nōlēbant. Nunc tempus inter rēgēs __________. Nōmen temporī __________ interregnum. Ego**ne** volēbam rēgem habēre? Nesciēbam. Vīsne tū rēgem habēre? Fortasse interregnum bonum __________, fortasse malum.

Sum Temporis Imperfectī

ego eram
tū erās
is/ea/id erat

nōs erāmus
vōs erātis
eī/eae/ea erant

Exercitium VIII

Quis sacrificā____ animālia et deōs amā____?

Ego audiē____ nunc dē virō piō, cui nōmen erat Numa Pompilius. Audiē____ eum esse bonum et pium. Etiam audiē____ Numam sacrificāre deīs. Audiē____ orāre eum dēlectāre. Aliī senātōrēs quoque audiē____ dē Numā piō. Aliī senātōrēs nunc volē____ habēre fīnem interregnī et ēligere Numam pium rēgem.

Numa habitā____ in urbe, cui nōmen Curēs erat. Numa Rōmae nunc nōn habitā____. Curēs erat urbs Sabīnōrum. Sabīnī sunt aliī hominēs et habitā______ prope Rōmam. Numa vir Sabīnus erat. Et nunc nōs vocābā____ Numam pium Rōmam. Numa vēnit et rogā____ dē auguriīs.

ego -__bam
tū -__bās
is/ea/id -__bat

nōs -__bāmus
vōs -__bātis
eī/eae/ea -__bant

Numa Pompilius

Nōmen:______________________

Diēs : ____/____/____

Capitulum Prīmum

Quadrāns: _____ Hebdomas: _____

Exercitium IX

I. Implē indicēs verbīs fīnibus rēctīs ornātīs! Fill in charts with words with the right endings!

Nōmen: Numa, Numae (m) - Numa **Dēclīnātiōnis:** _____

	LATĪNĒ		**ANGLICĒ**
	SINGULĀRIS	PLŪRĀLIS	SINGULĀRIS
Nom			
Gen			
Dat			
Acc			
Abl			

Nōmen: rēx, rēgis (m) - king **Dēclīnātiōnis:** _____

	LATĪNĒ		**ANGLICĒ**
	SINGULĀRIS	PLŪRĀLIS	SINGULĀRIS
Nom			
Gen			
Dat			
Acc			
Abl			

II. Implē spatia nōminibus rēctīs fīnibus ornātīs!

Fill the spaces with words with the right endings!

A. Rōmulus ___________ erat. Populus ___________ ēligere vult. (rēx)

B. Vir dē ___________ audiēbat. ___________ vir pius erat. (Numa)

C. Nōmen ___________ (for) prīmō Rōmulus erat. ___________ Rōmae habitābat. (rēx)

D. Augur sinistram in capite ___________ (of) posuit. Augur orāvit dē ___________ . (Numa)

E. Numa ___________ esse dēbet. Populus ēlēgit Numam ___________ . (rēx)

Numa Pompilius

Capitulum Prīmum

Nōmen:______________________

Diēs : ____/____/____

Quadrāns: _____ Hebdomas: _____

Exercitium X

I. Implē indicēs verbīs fīnibus rēctīs ornātīs! Fill in charts with words with the right endings!

A. **Verbum**: sum, esse, fuī, — - to be **(Imperfectī) Coniugātiōnis:** _____

LATĪNĒ **ANGLICĒ**

	SINGULĀRIS	PLŪRĀLIS	SINGULĀRIS	PLŪRĀLIS
1				
2				
3				
I		XXXXXXXXXXXX		XXXXXXXXXXXX

A. **Verbum**: amō, amāre, amāvī, amātum - to love **(Imperfectī) Coniugātiōnis:** _____

LATĪNĒ **ANGLICĒ**

	SINGULĀRIS	PLŪRĀLIS	SINGULĀRIS	PLŪRĀLIS
1				
2				
3				
I		XXXXXXXXXXXX		XXXXXXXXXXXX

II. Implē spatia formīs rēctīs verbōrum temporālium! Indicibus suprā ūtere!

Fill in the spaces with the correct forms of verbs! Use the charts above!

A. Augurium in caelō ____________ . Senātōrēs Rōmānī ____________. (sum)

B. Nōs mātrēs ____________. Tū patrem ____________. (amō)

C. Vōs sacerdōtēs nōn ____________ . Nunc Numa in urbe ____________. (sum)

D. Augur avēs et deōs ____________ . Aliī senātōrēs rem pūblicam ____________ . (amō)

E. Auguria bona ____________ . Nunc rēx Rōmae ____________. (sum)

Numa Pompilius

Capitulum Alterum

Nōmen:________________________

Diēs : ____/____/____

Quadrāns: _____ Hebdomas: _____

PĒNSUM A - Scrībe litteram prope verbum quod dēbet ponī in spatiō:

Write the letter next to the word which should be put in the blank:

Capitulum Alterum - Numa - dē pietāte

Salvē! Nōmen mihi est Numa Pompilius. Quod est nōmen **–A–** ? Nunc ego Numa rēx alter urbis Rōmae eram. Senātōrēs et populus Rōmānus ēlēgērunt mē rēgem esse. Rōmulus erat prīmus rēx et dux mīlitum. Sed Rōmulus nunc mortuus erat.

Quālī in urbe habitāre dēbēmus? Dēbēmus habitāre in urbe piā. Bonum est, sī hominēs sunt piī et urbs est pia. Bonum est amāre et **–B–** deōs. Fēmina pia deōs amat. Vir pius deōs colit. Hominēs piī orant deōs. Bonum est sacrificāre deīs. Bonum est orāre deōs. Necesse est habēre sacerdōtēs, sī vīs sacrificāre, orāre, et colere deōs.

Quod templum prīmum nōs Rōmānī dēbēmus habēre? Rōmulus erat prīmus rēx et habuit templum Iovis. Templum Iovis erat prīmum templum. Quod templum alterum nōs Rōmānī dēbēmus habēre? Rōmulus erat dux mīlitum et in bellō bene pugnābat. Sed ego sum pius et **–C–** habēre volō. Pāx est contrārium bellī. Pāx bona est. In bellō hominēs pugnant sed nōn in pāce.

In pāce hominēs discēbant disciplīnam pācis et bonōs mōrēs. In bellō hominēs amant fortitūdinem et arma. In pāce hominēs amant familiās et deōs. Bonum erat discere disciplīnam pācis et amāre **–D–** et deōs. Disciplīna pācis erat bona. Et disciplīna pācis erat pia.

Ego volēbam Rōmānōs laetōs esse. Volēbam rēx laetus esse. Sī ego habeō pācem, discō disciplīnam pācis. In pāce animālia deīs sacrificābam. In bellō nōn multum **–E–** . In pāce multum orābam.

Quid dē tē? Tūne discēs disciplīnam pācis et bonōs mōrēs? Tūne amās arma vel sacrificāre deīs? Esne tū pius vel pia? Discēsne tū bonōs mōrēs? Amāsne tū familiam?

Sī nōs disciplīnam pācis et bonōs mōrēs discimus, fortasse sumus laetī. Sī Rōmānī bonōs mōrēs in pāce nōn **–F–** , laetī nōn sunt.

Euge! Alterum templum est templum Iānī. Quis erat Iānus? Iānus erat deus magnī mōmentī. Cūius Iānus deus est? Iānus est deus initiōrum et fīnium. Initium est prīma pars reī. Initium contrārium fīnis est. Fīnis est ultima pars reī. Est magnī mōmentī orāre Iānum prīmum. Sī Iānō animālia sacrificāmus et orāmus, bonum **–G–** habēmus. Sī Iānus est laetus, nōs sumus laetī.

Itaque volēbam habēre templum et āram et sēdem Iānī. Habēbam terram. Sī terram sacrō, terra templum est. Āram et sēdem deī aedificāre volēbam. Sēdēs domus deī erat. Itaque sēdēs aedificium māgnī mōmentī erat. Nunc Rōmānī in templō āram et sēdem aedificābant. Ego quoque aedificābam **–H–** Iānī. Tūne aedificās sēdem?

Euge! Rōmānī habēbant āram et templum et sēdem Iānī. Āra nōn erat in sēde sed ante sēdem. Ego sacrificāvī animal Iānō. Ego sacrāvī āram et templum. Nunc Rōmānī sacrificābant multa animālia Iānō. Tūne sacrificās animal Iānō? Rōmānī Iānum orābant. Tūne Iānum orāvistī?

Sēdes Iānī habēbat **–I–** magnās. In pāce ianuae sunt clausae. In bellō ianuae sunt apertae. Erat bonum habēre ianuās clausās. Pāx bona erat. Templum Iānī bonum pācī erat. Ianuae significābant pācem et bellum. Nunc Rōmānī ianuās clausās vidēbant et laetī erant. Itaque Rōmānī pācem habēre volēbant. Nunc fortasse Rōmānī disciplīnam pācis et bonōs **–J–** discēbant. Nunc nōs colēbāmus deum Iānum et aliōs deōs. Fortasse Rōma erat pia, et Rōmānī erant piī.

Vocābula:

1. ____ discunt **2.** ____ pācem **3.** ____ mōrēs **4.** ____ tibi **5.** ____ orābam

6. ____ colere **7.** ____ sēdem **8.** ____ familiās **9.** ____ ianuās **10.** ____ initium

Numa Pompilius

Capitulum Alterum

Nōmen:______________________

Diēs : ____/____/____

Quadrāns: _____ Hebdomas: _____

PĒNSUM B - Scrībe litterās persōnīs in spatiīs!

Write the letters for the characters in the spaces!

Capitulum Alterum - Numa - Dē Pietāte

1.. ____ Nunc **eī** ianuās clausās vidēbant et laetī erant.

2. ____ Nunc fortasse **eī** disciplīnam pācis et bonōs mōrēs discēbant.

3. ____ habuit templum Iovis. Templum Iovis erat prīmum templum.

4. ____ erat prīmus rēx et dux mīlitum. Sed nunc mortuus erat.

5. ____ Volēbam rēx laetus esse.

6. ____ Sed **ego** sum pius et pācem habēre volō.

7. ____ erat dux mīlitum et in bellō bene pugnābat.

8. ____ in templō āram et sēdem Iānī aedificābant.

9. ____ nunc **ego** rēx alter urbis Rōmae eram. Senātōrēs et populus Rōmānus ēlēgērunt **mē** rēgem esse.

10. ____ In pāce discēbant disciplīnam pācis et bonōs mōrē

Numa Pompilius

Rōmulus

Populus Rōmānus

A

B

D

C

E

F

G

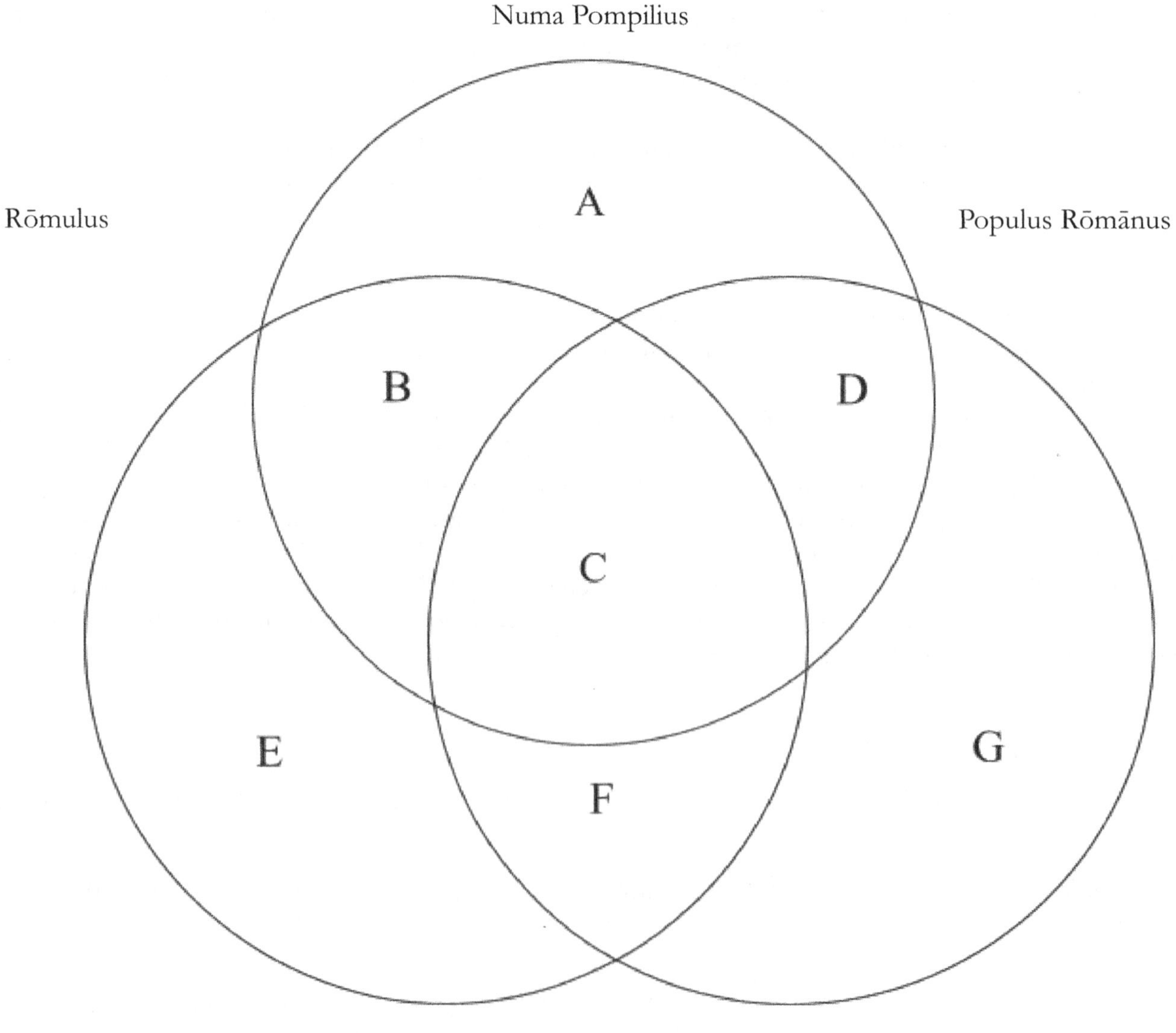

Numa Pompilius | Nōmen:______________________

Diēs : ____/____/____

Capitulum Alterum | Quadrāns: _____ Hebdomas: _____

PĒNSUM C - Dēlīneā circulum circum verbum prāvum quod nōn in fābulā est!

Draw a circle around the incorrect word which is not in the story:

Capitulum Alterum - Numa - Dē Pietāte

1. Salvē! Nōmen mihi est Numa Pompilius. Quod est nōmen tibi? Nunc ego Numa rēx alter urbis Rōmae eram. Senātōrēs et populus Rōmānus ēlēgērunt mē magistrum esse. Rōmulus erat prīmus rēx et dux mīlitum. Sed Rōmulus nunc mortuus erat.

2. Quālī in urbe habitāre dēbēmus? Dēbēmus habitāre in urbe piā. Bonum est, sī hominēs sunt piī et urbs est pia. Bonum est amāre et colere deōs. Fēmina pia deōs amat. Vir pius deōs comedit. Hominēs piī orant deōs. Bonum est sacrificāre deīs. Bonum est orāre deōs. …

3. Quod templum prīmum nōs Rōmānī dēbēmus habēre? Rōmulus erat prīmus rēx et habuit templum Iovis. Templum Iovis erat prīmum templum. Quod templum alterum nōs Rōmānī dēbēmus habēre? Rōmulus erat dux ursōrum et in bellō bene pugnābat. …

4. In pāce hominēs discēbant disciplīnam pācis et bonōs mōrēs. In bellō hominēs amant fortitūdinem et arma. In pāce hominēs amant familiās et deōs. Bonum erat discere disciplīnam pācis et amāre familiās et deōs. Disciplīna canis erat bona. Et disciplīna pācis erat pia.

5. Ego volēbam Rōmānōs laetōs esse. Volēbam rēx laetus esse. Sī ego habeō pācem, discō disciplīnam pācis. In pāce animālia deīs sacrificābam. In stilō nōn multum orābam. In pāce multum orābam. Quid dē tē? Tūne discēs disciplīnam pācis et bonōs mōrēs? …

6. Sī nōs disciplīnam pācis et bonōs mōrēs discimus, fortasse sumus laetī. Sī Rōmānī bonōs mōrēs in pāce nōn discunt, laetī nōn sunt. Euge! Alterum templum est templum Iānī. Quis erat Iānus? Iānus erat deus magnī mōmentī. Cūius Iānus deus est? Iānus est deus fenestrārum et fīnium.

7. Initium est prīma pars reī. Initium contrārium fīnis est. Fīnis est ultima pars reī. Est magnī mōmentī orāre Iānum prīmum. Sī Iānō animālia sacrificāmus et orāmus, bonum vinculum habēmus. Sī Iānus est laetus, nōs sumus laetī.

8. Itaque volēbam habēre templum et āram et sēdem Iānī. Habēbam terram. Sī terram sacrō, terra templum est. Āram et sēdem deī aedificāre volēbam. Sēdēs domus deī erat. Itaque sēdēs aedificium māgnī mōmentī erat. Nunc Rōmānī in capite āram et sēdem aedificābant. …

9. Euge! Rōmānī habēbant āram et templum et sēdem Iānī. Āra nōn erat in sēde sed ante sēdem. Ego sacrificāvī animal Iānō. Ego fūgī āram et templum. Nunc Rōmānī sacrificābant multa animālia Iānō. Tūne sacrificās animal Iānō? Rōmānī Iānum orābant. …

10. Sēdes Iānī habēbat ianuās magnās. In pāce ianuae sunt clausae. In bellō ianuae sunt apertae. Bonum erat habēre ianuās clausās. Pāx bona erat. Templum Iānī bonum pācī erat. Ianuae significābant fēlem et bellum. Nunc Rōmānī ianuās clausās vidēbant et laetī erant. …

Numa Pompilius

Capitulum Alterum

Nōmen:________________________

Diēs : ____/____/____

Quadrāns: _____ Hebdomas: _____

PĒNSUM D - Dēlīneā significātiōnem in arcā super locutiōnem!

Draw the meaning in the box above the phrase!

Capitulum Tertium - Numa - Dē Ēgeriā

nōmen tibi	rēx alter	amāre
Bonum est orāre deōs.	Pāx est contrārium bellī.	Hominēs amant familiās.
laetī	templum Iānī	templum et āram et sēdem
aedificābam sēdem	In pāce ianuae sunt clausae.	In bellō ianuae sunt apertae.

Numa Pompilius

Capitulum Alterum

Nōmen:______________________

Diēs : ____/____/____

Quadrāns: _____ Hebdomas: _____

PĒNSUM E - Responde Latinē sententiīs complētīs! Reply in Latin in complete sentences!

1. Quis alter rēgis urbis Rōmae erat? **Quī (who pl.)** eum ēligērunt?

____

2. **Quālī (what kind of)** in urbe Rōmānī dēbent habitāre? Est**ne** bonum **an** malum colere deōs?

____

3. **Quōs habēre (to have whom pl.)** necesse est? Cūius templum Rōmulus habuit?

____

4. Quid est contrārium bellī? Pugnant**ne** hominēs in pāce, ita **an** minimē?

____

5. Quid hominēs discunt in pāce? Quid hominēs amant in bellō?

____

6. Volēbat**ne** Numa Rōmānōs laetōs **an** trīstēs esse? **Quae (what pl.)** Numa sacrificābat?

____

7. Quid significat Anglicē, "Discēsne tū bonōs mōrēs?" **Cūius** est alterum templum?

____

8. **Quōrum (of what pl.)** Iānus deus erat? Est**ne** initium ultima **an** prīma pars reī?

____

9. **Quandō (when)** ianuae clausae sunt? **Quando** apertae sunt?

____

10. Volēbant**ne** Rōmānī habēre pācem **an** bellum? **Quae** Rōmānī nunc discēbant?

____

Numa Pompilius

Nōmen:______________________

Diēs : ____/____/____

Capitulum Alterum

Quadrāns: _____ Hebdomas: _____

I. Scrībe rēcta responsa in spatiīs! Ūtere verbis vel fīnibus in margine!

Write the correct answers in the spaces! Use the words or endings in the margin!

Capitulum Alterum - Rhēa Silvia

Exercitium I

1. Rōmulus prīmus r___ erat. Nōmen alterī rēg___ Num___ erat. .
2. Necesse erat popul___ ēligere rēgem.
3. Popul___ rēgem ēlēgit. R___ popul___ (of) Rōmam amābat.
4. Necesse erat rēg___ (for) orāre deōs.
5. Nōmen rēg___ (of) Num___ erat.
6. In locō ūnius rēg___ (of) nunc habēmus centum senātōrēs.
7. Popul___ Rōmānus erat. R___ popul___ (of) vir pius erat.
8. Augur manum in capite Num___ (of) posuit. Augur auguria Num___ (for) aspēxit.

Numa erat /
___ Numae (of)
Numae (for)

populus erat/
___ populī (of)
populō (for)

rēx erat /
___ rēgis (of)
rēgī (for)

Exercitium II

1. Rōmulus erat dux mīlitum et in bellō bene pugnā______ .
2. In pāce hominēs discē______ disciplīnam pācis et bonōs mōrēs.
3. In bellō hominēs fortitūdinem et arma amā______.
4. Ego volē______ Rōmānōs laetōs esse.
5. Ego animālia deīs sacrificā______. Tū**ne** discē______ bonōs mōrēs?
6. In bellō ego nōn multum orā______. Amā______**ne** tū familiam?
7. Itaque Numa volē______ habēre sēdem Iānī. Rēx habē______ terram.
8. Rōmānī sēdem aedificā______. Ego aedificā______ sēdem Iānī.

ego -__bam
tū -__bās
is/ea/id -__bat

nōs -__bāmus
vōs -__bātis
eī/eae/ea -_bant

Exercitium III

1. Numa volēbat Rōmānōs discere disciplīnam pāc____ (of) .
2. Rēx pius bonus est pāc____ (for).
3. Numa templum et sēdem Iān____ (of) habēre volēbat.
4. Ego sacrificāvī animal Iān____ (for). Iān____ erat magnī momentī.
5. Disciplīna pāc____ (of) erat bona. Ār____ Iān____ (of) bona erat.
6. Alterum templum est Iān____ (of). Sēdes Iān____ (of) habēbat ianuās.
7. Templum Iān____ (of) bonum pāc____ (for) erat.
8. Rēx templum ār____ (for) habēbat. Iān____ deus pāc____ (of) nōn erat.

āra erat /
___ ārae (of)
ārae (for)

Iānus erat/
___ Iānī (of)
Iānō (for)

pax erat /
___ pācis (of)
pācī (for)

Numa Pompilius

Capitulum Alterum

Nōmen:______________________

Diēs : ____/____/____

Quadrāns: _____ Hebdomas: _____

Exercitium IV

1. Rōmulus ___________ prīmus rēx et dux mīlitum.
2. Ego Numa rēx alter urbis Rōmae ___________.
3. Nōs Rōmānī ___________ . ___________ne vōs Rōmānī?
4. In pāce ianuae ___________ clausae.
5. Pāx bona ___________. Templum Iānī bonum pācī ___________.
6. Nunc Rōmānī ianuās clausās vidēbant et laetī ___________. I
7. Disciplīna pācis ___________ bona. ___________ne tū pius vel pia?
8. Fortasse Rōma ___________ pia, et Rōmānī ___________ piī.

Sum Temporis Imperfectī

ego eram
tū erās
is/ea/id erat

nōs erāmus
vōs erātis
eī/eae/ea erant

Exercitium V

Quod vocābulum est simile eōdem in modo?

What vocab word is similar in the same way?

1. āra : templum :: ianua : _______________
2. fugit : haeret :: necat : _______________
3. bellum : pāx :: fīnis : _______________
4. domus : populus :: sēdēs : _______________
5. pāx : familia :: bellum : _______________
6. fīnis : initium :: apertus : _______________
7. clausus : pāx :: apertus : _______________
8. arma : familia :: bellum : _______________

āra
arma
bellum
deus
domus
familia
fīnis
ianua
initium
pāx
populus
sēdēs
templum
apertus
clausus

Exercitium VI

1. Nōmen mihi est Num____ Pompili____.
2. Nunc ego Num____ r____ alter urb____ Rōm____ eram.
3. Popul____ Rōmān____ ēlēgit mē rēg____ esse.
4. Templ____ Iov____ erat prīm____ templ____.
5. Sed ego sum pi____ et pāc____ habēre volō.
6. Pāx est contrāri____ bell____. P____ bon____ est.
7. Sī ego habeō pāc____, discō disciplīn____ pāc____.
8. Volēbam habēre templ____ et āra____ et sēd____ Iān____.

Singulāris

Nom / Gen / Acc

-a / -ae / -am
-us/er / -ī / -um
-um / -ī / -um
-__ / -is / -em

Numa Pompilius

Capitulum Alterum

Nōmen:______________________

Diēs : ____/____/____

Quadrāns: _____ Hebdomas: _____

Exercitium VII

Rōmulus erat dux mīlitum et in bellō bene pugnā______.

In pāce hominēs discē______ disciplīnam pācis et bonōs mōrēs. In bellō hominēs amā______ fortitūdinem et arma. In pāce hominēs amā______ familiās et deōs. Bonum erat discere disciplīnam pācis.

Ego volē______ Rōmānōs laetōs esse. Ego volē______ mē rēgem laetum esse. Sī ego habeō pācem, discō disciplīnam pācis. In pāce animālia deīs ego sacrificā______. In bellō ego nōn multum orā______. In pāce ego multum orā______. Quid dē tē? Tū**ne** discē______ disciplīnam pācis et bonōs mōrēs? Tū**ne** amā______ arma vel sacrificāre deīs? Es**ne** tū pius vel pia? Discē______**ne** tū bonōs mōrēs? Amā______**ne** tū familiam?

Itaque ego volē______ habēre templum et āram et sēdem Iānī. Ego habēb______ terram. Sī Numa terram sacrat, terra templum est. Numa āram et sēdem deī aedificāre volē______. Sēdēs domus deī erat. Itaque sēdēs aedificium māgnī mōmentī erat. Nunc Rōmānī in templō āram et sēdem aedificā______ . Ego quoque aedificā______ sēdem Iānī. Tū**ne** aedificā______ sēdem?

ego -__bam
tū -__bās
is/ea/id -__bat

nōs -__bāmus
vōs -__bātis
eī/eae/ea -__bant

Exercitium VIII

Nunc ego Numa rēx alter urbis Rōmae ______. Senātōrēs et populus Rōmānus ēlēgērunt mē rēgem esse. Rōmulus ______ prīmus rēx et dux mīlitum. Sed Rōmulus nunc mortuus ______.

Bonum ______ discere disciplīnam pācis et amāre familiās et deōs. Disciplīna pācis ______ bona. Et disciplīna pācis ______ pia.

______**ne** tū pius vel pia?

In pāce ianuae ______ clausae. In bellō ianuae ______ apertae.

Fortasse Rōma ______ pia, et Rōmānī ______ piī.

Sum Temporis Imperfectī

ego eram
tū erās
is/ea/id erat

nōs erāmus
vōs erātis
eī/eae/ea erant

Numa Pompilius

Capitulum Alterum

Nōmen:______________________

Diēs : ____/____/____

Quadrāns: _____ Hebdomas: _____

Exercitium IX

Sēd____ Iān____ habēbat ianu____ magn____. In pāce ianu____ sunt claus____. In bellō ianu____ sunt apert____. Bonum erat habēre ianu____ claus____. P____ erat bon____. Templ____ Iān____ erat bon____ pācī. Ianu____ significābant pāc____ et bell____. Nunc Rōmān____ vidēbant ianu____ claus____ et erant laet____. Itaque Rōmān____ volēbant habēre pāc____. Nunc fortasse Rōmān____ discēbant disciplīn____ pācis et bon____ mōr____. Nunc nōs colēbāmus de____ Iān____ et ali____ de____. Fortasse Rōm____ erat pi____, et Rōmān____ erant pi____.

Singulāris
Nom/ Gen /Acc

-a / -ae / -am

-us/er/ -ī / -um

-um / -ī / -um

-___/ -is / -em

Plūrālis
Nom / Acc

-ae / -ās

-ī / -ōs

-a / -a

-ēs/ -ēs

deus, deī
ianua, ae
Iānus, ī
mōs, mōris
pāx, pācis
sēdēs, sēdis

Numa Pompilius

Capitulum Alterum

Nōmen:______________________

Diēs : ____/____/____

Quadrāns: _____ Hebdomas: _____

Exercitium X

I. Implē indicēs verbīs fīnibus rēctīs ornātīs! Fill in charts with words with the right endings!

A. **Nōmen**: ianua, ianuae (f) - door **Dēclīnātiōnis:** _____

	LATĪNĒ SINGULĀRIS	**LATĪNĒ** PLŪRĀLIS	**ANGLICĒ** SINGULĀRIS
Nom			
Gen			
Dat			
Acc			
Abl			

B. **Nōmen**: vir, virī (m) - man **Dēclīnātiōnis:** _____

	LATĪNĒ SINGULĀRIS	**LATĪNĒ** PLŪRĀLIS	**ANGLICĒ** SINGULĀRIS
Nom			
Gen			
Dat			
Acc			
Abl			

C. **Nōmen**: initium, initiī (n) - a going in, entrance, **beginning** **Dēclīnātiōnis:** _____

	LATĪNĒ SINGULĀRIS	**LATĪNĒ** PLŪRĀLIS	**ANGLICĒ** SINGULĀRIS
Nom			
Gen			
Dat			
Acc			
Abl			

D. **Nōmen**: sēdēs, sēdis (f) - seat; abode; **temple** **Dēclīnātiōnis:** _____

	LATĪNĒ SINGULĀRIS	**LATĪNĒ** PLŪRĀLIS	**ANGLICĒ** SINGULĀRIS
Nom			
Gen			
Dat			
Acc			
Abl			

Numa Pompilius

Capitulum Alterum

Exercitium XI

Nōmen:______________________

Diēs : ____/____/____

Quadrāns: _____ Hebdomas: _____

I. Implē indicēs verbīs fīnibus rēctīs ornātīs! Fill in charts with words with the right endings!

A. **Verbum**: sum, esse, fuī, — - to be **(Imperfectī)** **Coniugātiōnis:** _____

LATĪNĒ **ANGLICĒ**

	SINGULĀRIS	PLŪRĀLIS	SINGULĀRIS	PLŪRĀLIS
1				
2				
3				
I		XXXXXXXXXXXX		XXXXXXXXXXXX

B. **Verbum**: orō, orāre, orāvī, orātum - to pray **(Imperfectī)** **Coniugātiōnis:** _____

LATĪNĒ **ANGLICĒ**

	SINGULĀRIS	PLŪRĀLIS	SINGULĀRIS	PLŪRĀLIS
1				
2				
3				
I		XXXXXXXXXXXX		XXXXXXXXXXXX

C. **Verbum**: dēbeō, dēbēre, dēbuī, dēbitum - to owe, ought **(Imperfectī)** **Coniugātiōnis:** ____

LATĪNĒ **ANGLICĒ**

	SINGULĀRIS	PLŪRĀLIS	SINGULĀRIS	PLŪRĀLIS
1				
2				
3				
I		XXXXXXXXXXXX		XXXXXXXXXXXX

D. **Verbum**: volō, velle, voluī, —- - to want **(Imperf.)** **Coniugātiōnis:** _____

LATĪNĒ **ANGLICĒ**

	SINGULĀRIS	PLŪRĀLIS	SINGULĀRIS	PLŪRĀLIS
1				
2				
3				
I		XXXXXXXXXXXX		XXXXXXXXXXXX

Numa Pompilius

Nōmen:______________________

Diēs : ____/____/____

Capitulum Tertium

Quadrāns: _____ Hebdomas: _____

PĒNSUM A - Scrībe litteram prope verbum quod dēbet ponī in spatiō:

Write the letter next to the word which should be put in the blank:

Capitulum Tertium - Numa - Dē Ēgeriā

Rōma nōn habēbat multōs **–A–** . Rogāvī virum Rōmānum, et is "Rōma," mihi ait, "sacerdōtēs nōn habet." Quī sacerdōtēs esse dēbēbant? Rōmulus ūnum templum fēcit sed nōn multōs sacerdōtēs. Ille augur, quī bene intellegēbat auguria deōrum, dēbēbat sacerdōs prīmus esse. Is certē pius erat.

Volēbam cīvēs Rōmānōs piōs esse. Quōmodo ego dēbēbam facere **–B–** Rōmānōs piōs? Ego eram vir tantum. Pius eram sed vir tantum. Quae sacrificia nōs dēbēbāmus facere? Ubi dēbēbāmus aedificāre templa et ārās? Quandō dēbēbāmus sacrificāre et colere deōs?

Ecce nemus! Quid est nemus? Nemus est pars **–C–** vel multae arborēs. In nemore erat fōns, et fōns aquam habēbat. Ego nunc in nemore animal sacrificābam et orābam. Ego colēbam deās et sacrāvī lūcum Camēnīs. Id est, fēcī nemus sacrum Camēnīs. Nunc nemus est lūcus. Lūcus est nemus sacrum.

Quī sunt Camēnae? Camēnae sunt deae quae quoque **–D–** Mūsae. Camēnae vel Mūsae amant musicam, historiam, saltātiōnēs, et carmina. Nunc sacrō nemus vel lūcum Camēnīs. Nunc lūcus est sacer Camēnīs. In nemore vel in lūcō orō Camēnās. Orāsne tū Camēnās?

Novus mōs erat mihi. Habēbam novum mōrem. Solēbam nunc vīsitāre et intrāre lūcum. Solēbam colloquī cum deā vel nymphā, cui nōmen est Ēgeria. Mōs erat mihi vīsitāre Ēgeriam et colloquī. Dēlectābat mē **–E–** lūcum et vīsitāre Ēgeriam. Ēgeria colloquēbātur mēcum dē sacrificiīs, ārīs, templīs, et sacerdōtibus. Mōs erat mihi rogāre eam dē mōribus.

Dea "Prīmum," mihi ait, "necesse est tibi corrigere fastōs. Nunc **–F–** Rōmānī malī sunt et nōn bene dīvidunt annum in mēnsēs. Itaque dēbēs corrigere fastōs Rōmānōs. Alterum dēbēs instituere diēs fastōs in quibus **–G–** hominibus opera publica facere. Etiam dēbēs instituere diēs festōs, in quibus nōn licet hominibus vel opera publica facere."

"Tertium, bonum est sī colis Iovem. Iūppiter est pater et rēx **–H–** . Dēbēs habēre sacerdōtem Iovis. Nōmen eī dēbet esse flāmen Diālis. Flāmen Diālis dēbet orāre Iovem et sacrificāre Iovī. Rōmulus orābāt Iovem sed mortuus nunc est. Bonum est Rōmānīs habēre flāminem Diālem. Flāmen diālis dēbet celebrāre diēs festōs, **–I–** Iovem, et colere rēgem deōrum. Tū dēbēs dare huic sacerdōtī sellam curūlem et insignēs vestēs."

Volēbam Rōmānōs laetōs esse. Itaque volēbam Rōmam piam esse. Volēbam Rōmānōs piōs esse. Dea Ēgeria volēbat nōs habēre bonōs fastōs, colere Iovem, et discere **–J–** pācis.

Vocābula:

1. ____ vocantur **2.** ____ licet **3.** ____ silvae **4.** ____ disciplīnam **5.** ____ sacerdōtēs

6. ____ deōrum **7.** ____ cīvēs **8.** ____ orāre **9.** ____ intrāre **10.** ____ fastī

Numa Pompilius

Capitulum Tertium

Nōmen:_______________________

Diēs : ____/____/____

Quadrāns: _____ Hebdomas: _____

PĒNSUM B - Scrībe litterās persōnīs in spatiīs!

Write the letters for the characters in the spaces!

Capitulum Tertium - Numa - Dē Ēgeriā

1.____ In nemore vel in lūcō orō Camēnās.

2. ____ Flāmen Diālis dēbet orāre **eum** et **eī** sacrificāre.

3. ____ Volēbam cīvēs Rōmānōs piōs esse.

4. ____ **Nōs** colloquēbāmur dē sacrificiīs, ārīs, templīs, et sacerdōtibus.

5. ____ Volēbam Rōmam piam esse. Volēbam Rōmānōs piōs esse.

6. ____ Dea volēbat nōs habēre bonōs fastōs, colere Iovem, et discere disciplīnam pācis.

7. ____ Ego colēbam deās et sacrāvī lūcum Camēnīs.

8. ____ nunc rēx erat.

9. ____ **Dea** "Prīmum," **mihi** ait, "necesse est tibi corrigere fastōs."

10. ____ Est pater et rēx deōrum.

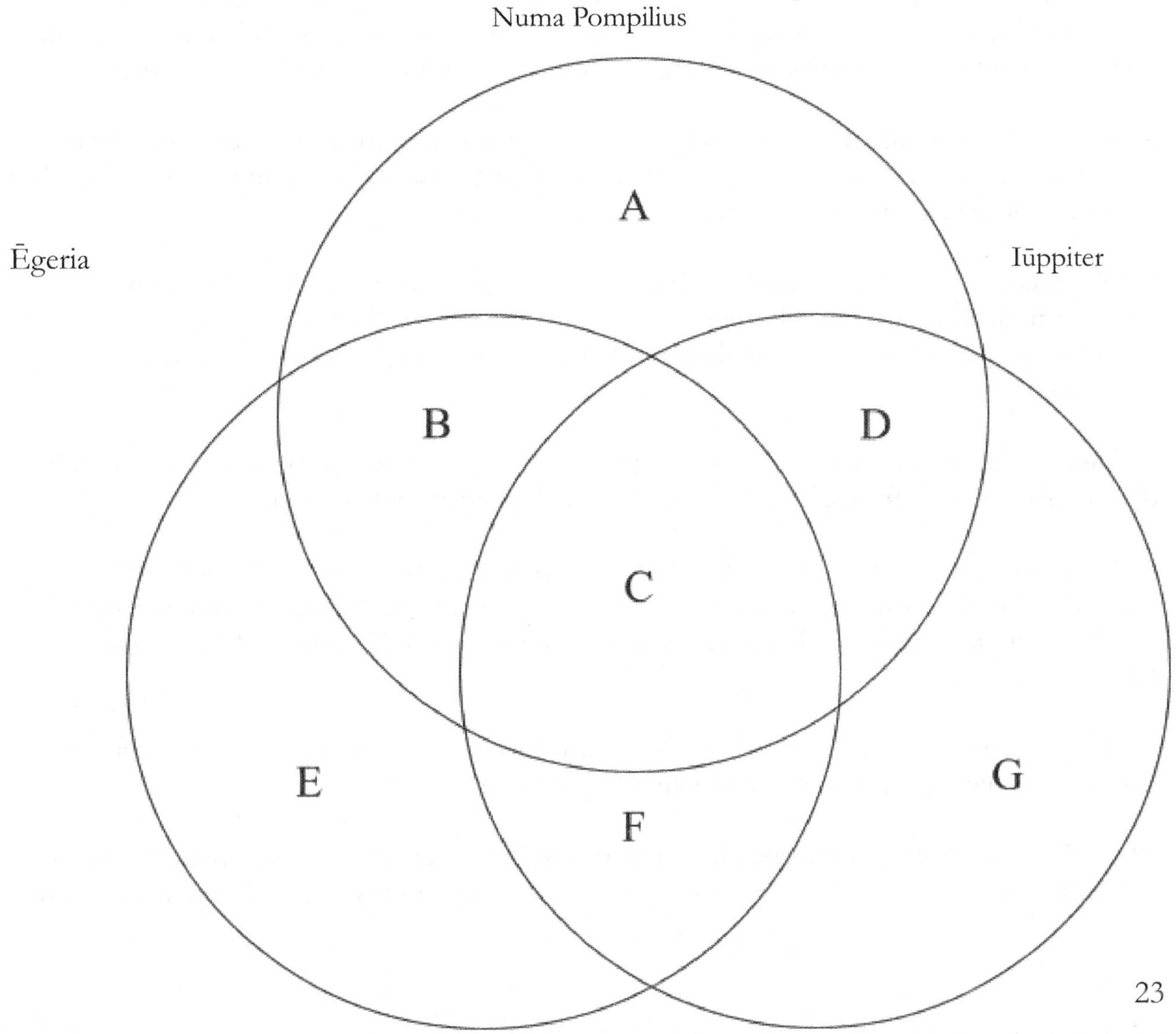

Numa Pompilius

Ēgeria

Iūppiter

A

B

D

C

E

F

G

Numa Pompilius | Nōmen:______________________

Diēs : ____/____/____

Capitulum Tertium | Quadrāns: _____ Hebdomas: _____

PĒNSUM C - Dēlīneā circulum circum verbum prāvum quod nōn in fābulā est!

Draw a circle around the incorrect word which is not in the story:

Capitulum Tertium - Numa - Dē Ēgeriā

1. Rōma nōn habēbat multōs sacerdōtēs. Rogāvī virum Rōmānum, et is "Rōma," mihi ait, " sacerdōtēs nōn habet." Quī sacerdōtēs esse dēbēbant? Rōmulus ūnum templum iēcit sed nōn multōs sacerdōtēs. Ille augur, quī bene intellegēbat auguria deōrum, dēbēbat sacerdōs prīmus esse. Is certē pius erat.

2. Volēbam cīvēs Rōmānōs piōs esse. Quōmodo ego dēbēbam facere cīvēs Rōmānōs piōs? Ego eram vir tantum. Pius eram sed vir tantum. Quae sacrificia nōs dēbēbāmus facere? Ubi dēbēbāmus aedificāre templa et ārās? Quandō dēbēbāmus vidēre et colere deōs?

3. Ecce nemus! Quid est nemus? Nemus est pars silvae vel multae arborēs. In nemore erat fōns, et fōns aquam habēbat. Ego nunc in mēnsā animal sacrificābam et orābam. Ego colēbam deās et sacrāvī lūcum Camēnīs. Id est, fēcī nemus sacrum Camēnīs. …

4. Quī sunt Camēnae? Camēnae sunt deae quae quoque vocantur Mūsae. Camēnae vel Mūsae amant musicam, historiam, saltātiōnēs, et carmina. Nunc sacrō nemus vel bellum Camēnīs. Nunc lūcus est sacer Camēnīs. In nemore vel in lūcō orō Camēnās. Orāsne tū Camēnās?

5. Novus mōs erat mihi. Habēbam novum mōrem. Solēbam nunc vīsitāre et intrāre lūcum. Solēbam colloquī cum deā vel nymphā, cui nōmen est Ēgeria. Mōs erat mihi vīsitāre Ēgeriam et vēnārī. Dēlectābat mē intrāre lūcum et vīsitāre Ēgeriam.

6. Ēgeria colloquēbātur mēcum dē sacrificiīs, ārīs, templīs, et sacerdōtibus. Mōs erat mihi rogāre eam dē mōribus. Dea "Prīmum," mihi ait, "necesse est tibi corrigere fīliōs. Nunc fastī Rōmānī malī sunt et nōn bene dīvidunt annum in mēnsēs. Itaque dēbēs corrigere fastōs Rōmānōs.

7. Alterum dēbēs instituere diēs fastōs in quibus licet hominibus opera publica facere. Etiam dēbēs instituere diēs festōs, in quibus nōn licet avibus opera publica facere."

8. "Tertium, bonum est sī colis Iovem. Iūppiter est pater et rēx deōrum. Dēbēs habēre sacerdōtem Iovis. Nōmen eī dēbet esse flāmen Diālis. Flāmen Diālis dēbet timēre Iovem et sacrificāre Iovī. Rōmulus orābāt Iovem sed mortuus nunc est. Bonum est Rōmānīs habēre flāminem Diālem.

9. Flāmen diālis dēbet celebrāre diēs festōs, orāre Iovem, et colere magistrum deōrum. Tū dēbēs dare huic sacerdōtī sellam curūlem et insignēs vestēs."

10. Volēbam Rōmānōs laetōs esse. Itaque volēbam Rōmam piam esse. Volēbam Rōmānōs piōs esse. Dea Ēgeria volēbat nōs habēre bonōs fastōs, colere Iovem, et discere disciplīnam bellī.

Numa Pompilius

Capitulum Tertium

Nōmen:________________________

Diēs : ____/____/____

Quadrāns: _____ Hebdomas: _____

PĒNSUM D - Dēlīneā significātiōnem in arcā super locutiōnem!

Draw the meaning in the box above the phrase!

Capitulum Alterum - Numa - Dē Pietāte

cīvēs Rōmānī	Nunc nemus est lūcus.	Camēnae sunt deae Mūsae.
vīsitāre et intrāre lūcum	colloquī cum nymphā	corrigere
Iūppiter est pater et rēx deōrum.	sella curūlis	flāmen diālis in insignibus vestibus
Dea Ēgeria	fastī Rōmānī	musica et saltātiōnēs

Numa Pompilius

Capitulum Tertium

Nōmen:______________________

Diēs : ____/____/____

Quadrāns: _____ Hebdomas: _____

PĒNSUM E - Responde Latinē sententiīs complētīs! Reply in Latin in complete sentences!

1. Habēbat**ne** Rōma multōs sacerdōtēs, ita **an** minimē? Quid significant Anglicē, "rogāvī" et "ait"?

____

2. Quis dēbēbat esse prīmus sacerdōs? Quid est nemus?

____

3. Quid erat in nemore? **Quid agēbat (what was __ doing)** Numa in nemore?

____

4. **Quibus (to whom pl.)** Numa lucum sacrāvit? Quod nōmen est sacrō nemorī?

____

5. **Quī (who pl.)** Camēnae erant? Quod nōmen erat numphae in lucō?

____

6. Dēlectābat**ne** Numam vīsitāre Ēgeriam, ita **an** minimē? **Quōs (whom pl.)** Numa orābat?

____

7. **Dē quibus (about what pl.)** Numa et Ēgeria colloquēbantur? Quid significat Anglicē, "mōs erat mihi"?

____

8. Quid necesse est Numae **agere (to do)** prīmum? **Quī (who/what pl.)** dīvidunt annum in mēnsēs"?

____

9. Quid significat Anglicē, "diēs festī"? Quis erat pater et rēx deōrum?

____

10. **Quae (what pl.)** Numa dēbet dare Flāminī Diālī? Volēbat**ne** Ēgeria Rōmānōs discere disciplīnam pācis **an** bellī?

____

Numa Pompilius | Nōmen:_______________________

Diēs : ____/____/____

Capitulum Tertium | Quadrāns: _____ Hebdomas: _____

I. Scrībe rēcta responsa in spatiīs! Ūtere verbis vel fīnibus in margine!
Write the correct answers in the spaces! Use the words or endings in the margin!

Capitulum Tertium - Numa - Dē Ēgeriā

Exercitium I

1. Temp____ inter rēgēs nunc erat.
2. Nōmen temp____ (for) interregnum erat.
3. In eō temp____ necesse erat populō rēgem ēligere.
4. Fīnis temp____ (of) erat; Numa nunc rēx est.
5. Numa nem____ videt. Nem____ Numam dēlectat.
6. In nem____ Numa Ēgeriam vīsitābat.
7. Numa nem____ sacrum fēcit. Nunc nem____ lūcus erat.
8. Nōn erat nōmen nem____ (for). In nem____ Numa Camēnās orābat.

tempus est
initium temporis (of)
nōmen temporī (for)
in tempore
tempus nōn videō

tempus, temporis
nemus, nemoris

Exercitium II

1. Numa sol______ lūcum intrāre. Sol______**ne** tū nemus vīsitāre?
2. Multī Rōmānī in nemore orāre nōn sol______ . Vōs**ne** sol______ ?
3. Augur avēs aspicere sol______ . Senātōrēs dē auguriīs rogāre sol______ .
4. Mīles signa deōrum intellegere nōn sol______ . Nōs**ne** sol______ ?
5. Quis in nemore cum deā colloquī sol______ ? Tu**ne** sol______ **?**
6. Augur prīmus sacerdōs esse dēb______ .
7. Ego sacerdōs esse nōn dēb______ . Numa fastōs corrigere dēb______**.**
8. Flāmen Diālis Iovem orāre dēb______. Mēnsēs annum dīvidere dēb______**.**

ego - bam
tū - bās
is/ea/id - bat

nōs - bāmus
vōs - bātis
eī/eae/ea - bant

solēre
dēbēre

Exercitium III

1. Lupa anim______ est. Numa anim______ in nemore nōn videt.
2. Nōmen anim______ (for) Mārtis est lupus. Est anim______ bonum.
3. Numa cum anim______ nōn colloquēbātur.
4. Remus et Romulus frātrēs ______ . Nōn est sēdēs anim______ (of)
5. Sacerdōtēs anim______ sacrificāre solēbant.
6. Augur anim______ in caelō aspēxit. Anim______ comedēbant anim______ .
7. Numa cum populō nōn cum multīs anim______ habitābat.
8. Multa anim_____ mē dēlectant. Nesciō nōmina omnium anim_____ (of).

Singulāris
animal est
caput animālis (of)
nōmen animālī (for)
cum animāle
animal nōn videō

Plūrālis
animālia sunt
capita animālium (of)
animālibus (for)
cum animālibus
animālia videō

cum (+abl) = with

Numa Pompilius

Capitulum Tertium

Nōmen:______________________
Diēs : ____/____/____
Quadrāns: _____ Hebdomas: _____

Exercitium IV

1. Ego Numa vir pius ________ . Vōs**ne** piī ________ ?
2. Mōs ________ Numae cum Ēgeriā colloquī.
3. Nunc fastī Rōmanī malī ________ . Multī diēs festī ________ .
4. Bonum ________ Iovem colere. Iūppiter pater deōrum ________ .
5. Nemus sacrum Camēnīs ________ . Quae Camēnae ________ ?
6. Numa deus nōn ________ . Camēnae deae ________ .
7. Ego nympha nōn ________ , sed Ēgeria ________ .
8. Fortasse Rōmānī piī et laetī ________ . Nōs**ne** laetī ________ ?

Sum Temporis Imperfectī

ego eram
tū erās
is/ea/id erat

nōs erāmus
vōs erātis
eī/eae/ea erant

Exercitium V
Quod vocābulum est simile eōdem in modo?
What vocab word is similar in the same way?

1. annus : mēnsis :: mēnsis : ________________
2. dea : sēdēs :: populus : ________________
3. cīvis : populus :: dies : ________________
4. mēnsis: annus :: arbor : ________________
5. nemus : silva :: arbor : ________________
6. nympha : dea :: nemus : ________________
7. silva : arbor :: populus : ________________
8. lūcus : nemus :: augur : ________________

annus
arbor
augur
cīvis
dea
dies
domus
fastī
lūcus
mēnsis
nympha
nemus
populus
sacerdōs
sēdēs
silva

Exercitium VI

1. Temp______ erat ēligere rēgem. Erat interregn_____ .
2. Templ______ bonum est. Sedēs erat in templ______ .
3. Ēgeria in nem______ erat. Nem______ Ēgeriam dēlectābat.
4. Numa nem______ vīsitābat. Āra in templ_____ erat.
5. Rēx sēdem deī aedificābat in templ______ nōn in nem______ .
6. Auguri______ bona erant. Augur auguri______ bene intellēxit.
7. Sacerdōtēs multa sacrifici_____ faciēbant. Numa nem_____ sacrum fēcit.
8. In multīs templ_____ sunt ārae. Ārae quoque sunt in multīs nem_____ .
9. Templ________ et sacrifici_____ deōs dēlectant.

Nōmina Neutrī Generis

Singulāris
Nom/ Abl /Acc
-um / -ō / -um
-us / -ore / -us

Plūrālis
Nom/ Abl /Acc
-a / -īs / -a
-us/ -oribus / -ora

Numa Pompilius

Capitulum Tertium

Nōmen:________________________
Diēs : ____/____/____
Quadrāns: _____ Hebdomas: _____

Exercitium VII

Rōma nōn habē______ multōs sacerdōtēs. Quī sacerdōtēs esse dēbē______? Rōmulus ūnum templum fēcit sed nōn multōs sacerdōtēs. Ille augur, quī bene intellegē______ auguria deōrum, dēbē______ sacerdōs prīmus esse. Is certē pius erat.

Ego volē______ cīvēs Rōmānōs piōs esse. Quōmodo ego dēbē______ facere cīvēs Rōmānōs piōs? Ego ______ vir tantum. Pius ______ sed vir tantum. Quae sacrificia nōs dēbē______ facere? Ubi dēbē______ aedificāre templa et ārās? Quandō nōs dēbē______ sacrificāre et colere deōs?

Ego habē______ novum mōrem. Solē______ nunc vīsitāre et intrāre lūcum.

Numa volē______ Rōmānōs laetōs esse. Itaque is volē______ Rōmam piam esse.

ego - bam
tū - bās
is/ea/id - bat

nōs - bāmus
vōs - bātis
eī/eae/ea - bant

ego eram
tū erās
is/ea/id erat

nōs erāmus
vōs erātis
eī/eae/ea erant

Exercitium VIII

Ecce ________! Quid est ________? ________ est pars silvae vel multae arborēs. In ________ erat fōns, et fōns aquam habēbat. Ego nunc in ________ animal sacrificābam et orābam. Ego colēbam deās et sacrāvī lūcum Camēnīs. Id est, fēcī ________ sacrum Camēnīs. Nunc ________ est lūcus. Lūcus est ________ sacrum.

Quī sunt Camēnae? Camēnae sunt deae quae quoque vocantur Mūsae. Camēnae vel Mūsae amant musicam, historiam, saltātiōnēs, et carmina. Nunc sacrō ________ vel lūcum Camēnīs. Nunc lūcus est sacrer Camēnīs. In ________ vel in lūcō orō Camēnās.

nemus est
____ nemoris (of)
____ nemorī (for)
in nemore
nemus videō

Nōmen:______________________
Diēs : ____/____/____
Quadrāns: _____ Hebdomas: _____

Exercitium IX

Numa volēbat cīv____ Rōmān____ pi____ esse.

Nemus est pars silvae vel mult____ arbor____. Mōs erat mihi rogāre Ēgeriam dē mōr____.

Quī sunt Camēn____? Camēn____ sunt de____ quae quoque vocantur Mūs____. Nunc sacrō nemus vel lūcum Camēn____. In nemore vel in lūcō orō Camēn____. Orāsne tū Camēn____?

"Necesse est tibi corrigere fast____. Nunc fast____ Rōmān____ malī sunt et nōn bene dīvidunt annum in mēns____. Alterum dēbēs instituere di____ fast____. Etiam dēbēs instituere di____ fest____."

"Flāmen Diālis dēbet celebrāre di____ festō____. Tū dēbēs dare huic sacerdōtī sellam curūlem et insign____ vest____."

Plūrālis
Nom/ Dat/ Acc
-ae / -īs / -ās
-ī / -īs / -ōs
-a / -īs / -a
-ēs / -ibus / -ēs

Numa Pompilius

Capitulum Tertium

Nōmen:______________________

Diēs : ____/____/____

Quadrāns: _____ Hebdomas: _____

Exercitium XI

I. Implē indicēs verbīs fīnibus rēctīs ornātīs! Fill in charts with words with the right endings!

A. **Nōmen:** nympha, nymphae (f) - nymph, spirit of a river, or tree **Dēclīnātiōnis:** _____

	LATĪNĒ SINGULĀRIS	**LATĪNĒ** PLŪRĀLIS	**ANGLICĒ** SINGULĀRIS
Nom			
Gen			
Dat			
Acc			
Abl			

B. **Nōmen**: lūcus, lūcī (m) - grove or thicket sacred to a deity **Dēclīnātiōnis:** _____

	LATĪNĒ SINGULĀRIS	**LATĪNĒ** PLŪRĀLIS	**ANGLICĒ** SINGULĀRIS
Nom			
Gen			
Dat			
Acc			
Abl			

C. **Nōmen**: tempus, temporis (n) - time **Dēclīnātiōnis:** _____

	LATĪNĒ SINGULĀRIS	**LATĪNĒ** PLŪRĀLIS	**ANGLICĒ** SINGULĀRIS
Nom			
Gen			
Dat			
Acc			
Abl			

D. **Nōmen**: mōs, mōris (m) - manner, custom; morals, character **Dēclīnātiōnis:** _____

	LATĪNĒ SINGULĀRIS	**LATĪNĒ** PLŪRĀLIS	**ANGLICĒ** SINGULĀRIS
Nom			
Gen			
Dat			
Acc			
Abl			

Numa Pompilius

Capitulum Tertium

Nōmen:______________________

Diēs : ____/____/____

Quadrāns: _____ Hebdomas: _____

Exercitium XII

I. Implē indicēs verbīs fīnibus rēctīs ornātīs! Fill in charts with words with the right endings!

A. **Verbum**: rogō, rogāre, rogāvī, rogātum - to ask **(Praesentis)** **Coniugātiōnis:** _____

LATĪNĒ **ANGLICĒ**

	SINGULĀRIS	PLŪRĀLIS	SINGULĀRIS	PLŪRĀLIS
1				
2				
3				
I		XXXXXXXXXXXX		XXXXXXXXXXXX

B. **Verbum**: sacrificō, sacrificāre, sacrificāvī, sacrificātum - to sacrifice **(Imperf.) Coni.:** _____

LATĪNĒ **ANGLICĒ**

	SINGULĀRIS	PLŪRĀLIS	SINGULĀRIS	PLŪRĀLIS
1				
2				
3				
I		XXXXXXXXXXXX		XXXXXXXXXXXX

C. **Verbum**: corrigō, corrigere, corrēxī, correctum - to correct, fix **(Praes.)** **Coni.:** ____

LATĪNĒ **ANGLICĒ**

	SINGULĀRIS	PLŪRĀLIS	SINGULĀRIS	PLŪRĀLIS
1				
2				
3				
I		XXXXXXXXXXXX		XXXXXXXXXXXX

D. **Verbum**: sum, esse, fuī, — - to be **(Imperfectī)** **Coniugātiōnis:** _____

LATĪNĒ **ANGLICĒ**

	SINGULĀRIS	PLŪRĀLIS	SINGULĀRIS	PLŪRĀLIS
1				
2				
3				
I		XXXXXXXXXXXX		XXXXXXXXXXXX

Numa Pompilius Nōmen:________________________

Diēs : ____/____/____

Capitulum Quartum Quadrāns: _____ Hebdomas: _____

PĒNSUM A - Scrībe litteram prope verbum quod dēbet ponī in spatiō:

Write the number next to the word which should be put in the blank:

Capitulum Quartum - Numa - Dē Fastīs (pars prīma)

Euge! Sī volēbāmus habēre **–A–** , necesse erat habēre fastōs. Quī fastī sunt? Fastī sunt dīvīsiōnēs annōrum et diērum et mēnsium. In fastīs erant diēs fastī, in quibus licet hominibus opera publica facere. Etiam in fastīs erant diēs festī, in quibus nōn licet hominibus opera publica facere. Sī habēmus bonōs fastōs, nōs Rōmānī possumus deīs animālia **–B–** sacrificāre. Itaque dēbēbāmus habēre bonōs fastōs.

Quid? Rogāvī virum dē fastīs, et is "Nōs Rōmānī" mihi ait, " decem (X) mēnsēs habēmus." Decem mēnses! Annus Rōmānus habēbat decem mēnsēs tantum? Nōn satis erat!

Quid est mēnsis? Mēnsis est **–C–** vel pars annī et habet trīgintā (XXX) diēs, quia intellegēbāmus mēnsem per lūnam. Sī lūnā tenuis est et deinde lūnam nōn vidēmus, habēmus novum mēnsem. Deinde lūna tenuis crescit et fit crassa. Tunc lūna iterum tenuis fit. Intellegimus mēnsem per lūnam, itaque mēnsis habet trīgintā (XXX) diēs.

Intellegēbāmus diēs per sōlem. Sī sōl oritur et deinde **–D–** , habēmus diem. Sī sōl nōn est in caelō, est nōx. Erant trīgintā diēs ūnā in mēnse. Etiam erant trīgintā (XXX) noctēs ūnā in mēnse. Diēs erant inter noctēs. Et noctēs erant inter diēs. Diē sōl splendet in caelō. Nocte saepe lūna lūcet in caelō, sed nōn semper. Nocte saepe multa astra quoque splendunt in caelō. Sed fortasse sunt multae nūbēs in caelō, et **–E–** et lūna nōn splendunt.

Erant multae partēs diēī. Prīma pars est mānē. Mānē sōl oritur. Deinde altera pars est merīdiēs. Merīdiē sōl est mediō in caelō. Tertia pars est tempus post merīdiem. Quarta pars est vesper; vesperī sōl occidit. Intellegēbāmus diēs per sōlem et mēnsēs per lūnam. Dēbēbāmusne intellegere annum per sōlem an mēnsem?

Sunt quattuor partēs annī, quibus nōmina sunt hiems, vēr, **–F–** , et autumnus. Hieme caelum erat frīgidum. Fortasse ningēbat. Saepe hieme multae erant nūbēs in caelō. Vēre fortasse caelum fit serēnum. Fortasse vēre caelum habēbat multās nūbēs. Etiam vēre herbae et flōrēs crescēbant. Vēre multa folia erant viridia.

Aestāte caelum nōn **–G–** sed calidum et serēnum fit. Etiam aestāte sōl saepe splendēbat. Sī sōl saepe splendēbat, multae nūbēs nōn saepe in caelō erant. Autumnō caelum iterum frīgidum fit. Folia colōrēs mūtābant. Multa folia autumnō flāva vel rubra vel fusca fiunt nōn **–H–** . Autumnō multae nūbēs in caelō erant. Deinde hiems iterum fit.

Sed nunc habēbāmus malōs fastōs. Nōs habēbāmus malās dīvīsiōnēs temporis. Aestās dēbēbat esse calida, sec aestāte caelum frīgidum erat. Aestāte caelum **–I–** esse serēnum, sed multae nūbēs erant in caelō. Hiems dēbēbat esse frīgida, sed hieme multa folia erant viridia. Hieme dēbēbat ningere, sed aestāte ningēbat.

Vēr dēbēbat habēre multa folia viridia, sed vēre caelum erat calidum. Vēr dēbēbat habēre nūbēs, sed caelum erat serēnum. Vēre herbae et flōrēs dēbēbant crescere sed nōn crēscēbant. Autumnus dēbēbat habēre folia flāva vel rubra vel fusca, sed autumnō caelum erat serēnum et calidum.

Fastī Rōmānī nunc malī erant. Necesse erat mihi rēgī Numae **–J–** fastōs. Sī corrigimus fastōs et dīvisiōnēs annī, poterimus rectē colere et orāre deōs. Volēbam habēre urbem piam et fastōs bonōs.

Vocābula:

1. ____ viridia **2.** ____ bene **3.** ____ frīgidum **4.** ____ sacrificia **5.** ____ corrigere

6. ____ astra **7.** ____ aestās **8.** ____ occidit **9.** ____ dēbēbat **10.** ____ dīvīsiō

Numa Pompilius

Capitulum Quartum

Nōmen:_______________________

Diēs : ____/____/____

Quadrāns: _____ Hebdomas: _____

PĒNSUM B - Scrībe litterās persōnīs in spatiīs!

Write the letters for the characters in the spaces!

Capitulum Quartum - Numa - Dē Fastīs (pars prīma)

1. ____ caelum nōn frīgidum sed calidum et serēnum fit.

2. ____ caelum erat frīgidum. Fortasse ningēbat.

3. ____ Nōs habēbāmus malās dīvīsiōnēs temporis.

4. ____ Etiam aestāte sōl saepe splendēbat.

5. ____ Saepe multae erant nūbēs in caelō.

6. ____ herbae et flōrēs dēbēbant crescere sed nōn crēscēbant.

7. ____ Fortasse caelum fit serēnum. Fortasse caelum habēbat multās nūbēs.

8. ____ Fastī Rōmānī nunc malī erant.

9. ____ Etiam herbae et flōrēs crescēbant. Multa folia erant viridia.

10. ____ dēbēbat frīgida, sed multa folia erant viridia..

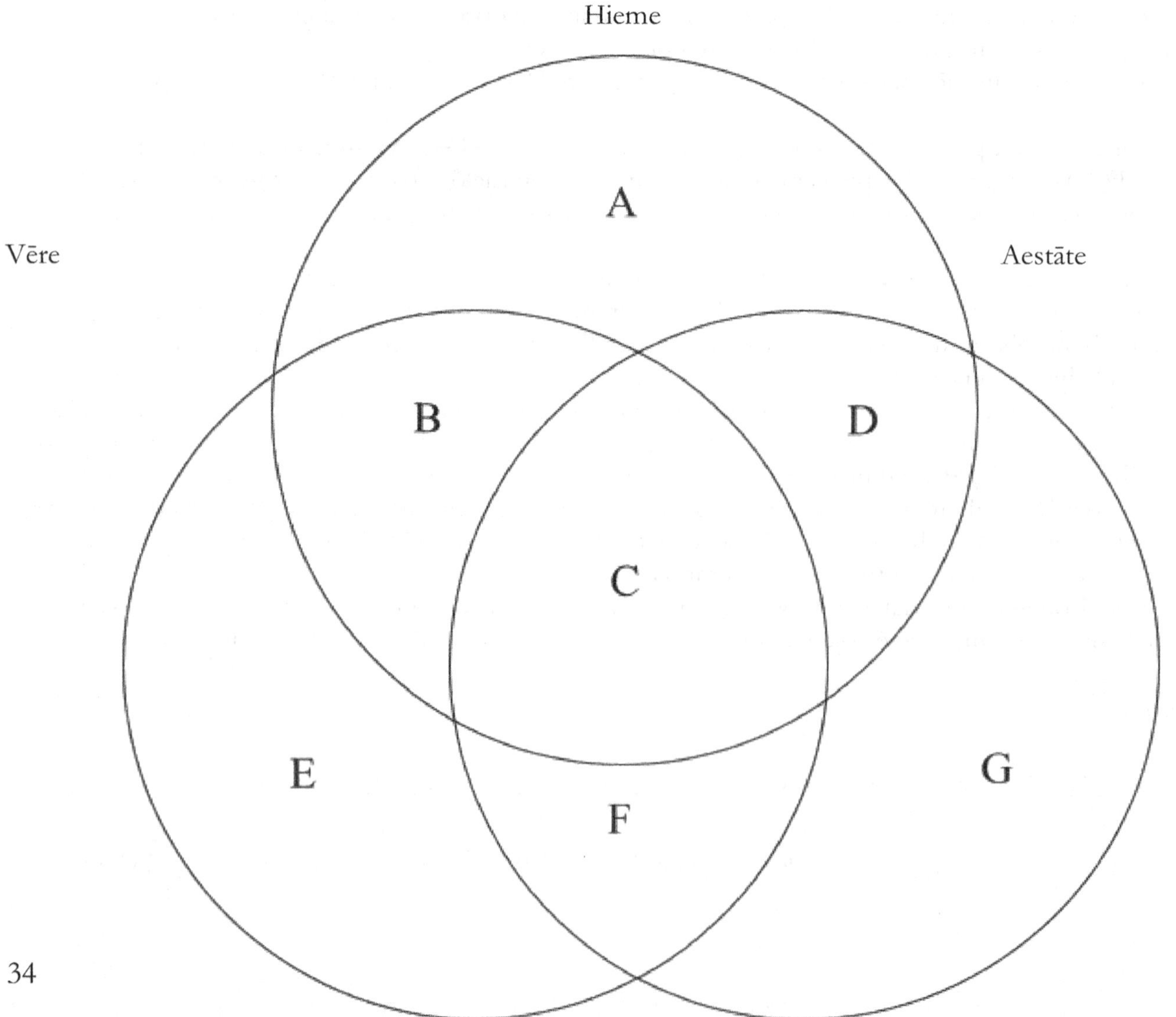

Numa Pompilius

Capitulum Quartum

Nōmen:______________________

Diēs : ____/____/____

Quadrāns: _____ Hebdomas: _____

PĒNSUM C - Dēlīneā circulum circum verbum prāvum quod nōn in fābulā est!

Draw a circle around the incorrect word which is not in the story:

Capitulum Quartum - Numa - Dē Fastīs (pars prīma)

1. Euge! Sī volēbāmus habēre sacrificia, necesse erat habēre fastōs. Quī fastī sunt? Fastī sunt dīvīsiōnēs annōrum et diērum et mēnsium. In fastīs erant diēs fastī, in quibus licet hominibus opera publica facere. Etiam in fastīs erant canēs festī, in quibus nōn licet hominibus opera publica facere. …

2. Quid? Rogāvī virum dē fastīs, et is "Nōs Rōmānī" mihi ait, " decem (X) mēnsēs habēmus." Decem mēnses! Annus Rōmānus habēbat decem mēnsēs tantum? Nōn satis erat! Quid est fēles? Mēnsis est dīvīsiō vel pars annī et habet trīgintā (XXX) diēs, quia intellegēbāmus mēnsem per lūnam.

3. Sī lūnā tenuis est et deinde lūnam nōn vidēmus, habēmus novum mēnsem. Deinde lūna tenuis crescit et fit crassa. Tunc lūna iterum tenuis fit. Intellegimus mēnsem per mēnsam, itaque mēnsis habet trīgintā (XXX) diēs.

4. Intellegēbāmus diēs per sōlem. Sī sōl oritur et deinde occidit, habēmus diem. Sī sōl nōn est in caelō, est nōx. Erant quattuor diēs ūnā in mēnse. Etiam erant trīgintā (XXX) noctēs ūnā in mēnse. Diēs erant inter noctēs. Et noctēs erant inter diēs.

5. Diē sōl splendet in caelō. Nocte saepe lūna lūcet in caelō, sed nōn semper. Nocte saepe multa astra quoque splendunt in caelō. Sed fortasse sunt multae fenestrae in caelō, et astra et lūna nōn splendunt. Erant multae partēs diēī. Prīmum mānē sōl oritur. Prīma pars est mānē. Mānē sōl oritur. …

6. Tertia pars est tempus post merīdiem. Quarta pars est vesper; vesperī sōl occidit. Intellegēbāmus diēs per sōlem et mēnsēs per lūnam. Dēbēbāmusne intellegere puerum per sōlem an mēnsem?... Aestāte caelum nōn frīgidum sed calidum et serēnum fit. Etiam aestāte sōl saepe splendēbat.

7. Sī sōl saepe splendēbat, multae nūbēs nōn saepe in caelō erant. Autumnō caelum iterum frīgidum fit. Folia colōrēs mūtābant. Multa vincula autumnō flāva vel rubra vel fusca fiunt nōn viridia. Autumnō multae nūbēs in caelō erant. Deinde hiems iterum fit.

8. Sed nunc habēbāmus malōs fastōs. Nōs habēbāmus malās dīvīsiōnēs temporis. Aestās dēbēbat esse calida, sec aestāte caelum frīgidum erat. Aestāte bellum dēbēbat esse serēnum, sed multae nūbēs erant in caelō. Hiems dēbēbat esse frīgida, sed hieme multa folia erant viridia. …

9. Vēr dēbēbat habēre multa folia viridia, sed vēre caelum erat calidum. Vēr dēbēbat habēre nūbēs, sed caelum erat serēnum. Vēre herbae et flōrēs dēbēbant crescere sed nōn ccomedēbant. Autumnus dēbēbat habēre folia flāva vel rubra vel fusca, sed autumnō caelum erat serēnum et calidum.

10. Fastī Rōmānī nunc malī erant. Necesse erat mihi rēgī Numae corrigere fastōs. Sī corrigimus fastōs et dīvisiōnēs annī, poterimus rectē instituere et orāre deōs. Volēbam habēre urbem piam et fastōs bonōs.

Numa Pompilius

Capitulum Quartum

Nōmen:______________________
Diēs : ____/____/____
Quadrāns: _____ Hebdomas: _____

PĒNSUM D - Dēlīneā significātiōnem in arcā super locutiōnem!
Draw the meaning in the box above the phrase!

Capitulum Quartum - Numa - Dē Fastīs (pars prīma)

Rogāvī virum.	decem (X)	trīgintā (XXX)
herbae et flōrēs crēscēbant	Lūna tenuis fit crassa.	Mānē sōl oritur.
nōx	Diē sōl splendet in caelō.	multae nūbēs in caelō
multa astra splendunt in caelō	Vesperī sōl occidit.	nōn frīgidum sed calidum

Numa Pompilius

Nōmen:______________________

Diēs : ____/____/____

Capitulum Quartum

Quadrāns: _____ Hebdomas: _____

PĒNSUM E - Responde Latinē sententiīs complētīs! Reply in Latin in complete sentences!

1. **Quōs (what pl.)** necesse est habēre? **Quī (what pl.)** sunt fastī?

____

2. **Quot (how many)** mēnsēs Rōmānī habēbant? Sunt**ne** satis, ita **an** minimē?

____

3. **Quot** diēs sunt in mēnse? **Quōmodo (how)** Rōmānī mēnsem intellegēbant?

____

4. Quid significat Anglicē, "luna tenuis" et "luna crassa"? **Quōmodo** Rōmānī diēs intellegēbant?

____

5. Quid diē lucet in caelō? **Quae (what pl.)** nocte in caelō splendunt?

____

6. **Ubi (where)** est sōl merīdiē? **Quid agit (what does __ do)** sōl vesperī?

____

7. **Quae** sunt quattuor partēs annī? **Quāle (what kind)** est caelum hieme?

____

8. Sunt**ne** multae nūbēs in caelō aestāte, ita **an** minimē? **Quandō (when)** folia colōrēs mūtābant?

____

9. **Quālia** folia fiunt Autumnō? Quid fit iterum post Autumnum?

____

10. Habēbant**ne** Rōmānī malōs **an** bonōs fastōs nunc? **Quid agere (to do what)** necesse erat Numae?

____

Numa Pompilius | Nōmen:________________________
Diēs : ____/____/____
Capitulum Quartum | Quadrāns: _____ Hebdomas: _____

I. Scrībe rēcta responsa in spatiīs! Ūtere verbis vel fīnibus in margine!
Write the correct answers in the spaces! Use the words or endings in the margin!

Capitulum Quartum - Rhēa Silvia

Exercitium I

1. Lūna tenuis ______ . Multa folia rubra et flāva ______ .
2. Deinde hiems iterum ______ . Tūne ______ frīgidus?
3. Vēr aestās ______ . Vōs**ne** calidī ______ ?
4. Nōs magnī ______ . Caelum calidum ______ .
5. Numa rēx ______ . Omnēs cīvēs Rōmānī Senātōrēs nōn ______ .
6. Multī Rōmānī piī ______ . Itaque Rōma pia ______ .
7. Hiems aestās nōn ______ . Hieme caelum frīgidum ______ .
8. Tū**ne** calidus ______ ? Ego frīgidus nōn ______ .

ego fīō
tū fīs
is/ea/id fit

nōs fīmus
vōs fītis
eī/eae/ea fīunt

Exercitium II

1. ________ folia cōlōrēs mūtābant.
2. ________ fortasse ningit.
3. ________ caelum calidum et serēnum fit.
4. ________ herbae et flōrēs crescere solēbant.
5. ________ caelum frīgidum fit.
6. ________ sōl saepe splendēbat.
7. ________ prīma pars annī erat.
8. ________ folia rubra vel flāva vel fusca fiunt.

hieme
vēre
aestāte
autumnō

Exercitium III

1. Rōmānī intellegē______ mēnsem per lūnam.
2. Vēre flōrēs et herbae crescē______ .
3. Dēbē______**ne** nōs intellegere annum per sōlem an mēnsem?
4. Hieme fortasse ningē______ . Vēre caelum habē______ multās nūbēs.
5. Aestāte sōl saepe splendē______. *Folia colōrēs mūtā______.*
6. Vōs**ne** habē______ malōs fastōs? Rōmānī habē______ malās dīvīsiōnēs temporis.
7. Ego volē______ habēre fastōs bonōs.
8. Vēre herbae et flōrēs dēbē______ crescere sed nōn crēscē______.

ego -__bam
tū -__bās
is/ea/id -__bat

nōs -__bāmus
vōs -__bātis
eī/eae/ea -__bant

Numa Pompilius

Capitulum Quartum

Nōmen:______________________

Diēs : ____/____/____

Quadrāns: _____ Hebdomas: _____

Exercitium IV

1. Hiem____ fortasse ningit. Hiem____ v____ fit.
2. Etiam aestāt____ sōl saepe splendēbat. Aest____ autumn____ fit.
3. Autumn____ fōlia colōrēs mūtābant. Autumn____ hiem____ fit.
4. Hiem____ multae nūbēs in caelō erant. Aestāt____ nūbēs nōn erant.
5. V____ aest____ fit. Aest____ post vēr____ erat.
6. Autumn____ post aestāt____ erat. Aest____ autumn____ fit.
7. Autumn____ hiem____ fit. Aestāt____ sōl saepe lūcet.
8. Hiem____ post autumn____ erat. Hiem____ fortasse ningit.

Singulāris
Nom/ Abl /Acc

-a / -ā / -am
-us/er/ -ō / -um
-um / -ō / -um
-___/ -e / -em

aestas, aestātis
autumnus, ī
hiems, hiemis
vēr, vēris
post<->ante (+acc)

Exercitium V

Quod vocābulum est simile eōdem in modo?

What vocab word is similar in the same way?

1. vēr : autumnus :: aestās : ________________
2. calidus : frīgidus :: sōl : ________________
3. fōlium : autumnus :: flōs : ________________
4. mānē : vesper :: vēr : ________________
5. nox : luna :: sōl : ________________
6. tenuis : crassus :: frīgidus : ________________
7. hiems : vēr :: aestās : ________________
8. nūbis : frīgidus :: sōl : ________________

aestas
autumnus
calidus
crassus
dies
flōs
folium
frīgidus
hiems
lūna
mānē
nox
nūbis
sōl
tenuis
vēr
vesper

Exercitium VI

1. ________ sōl mediō in caelō lūcēbat. .
2. ________ astra splendēbant.
3. ________ prīma pars diēī erat.
4. ________ sōl occidit.
5. ________ lūna lūcēbat.
6. ________ media pars diēī erat.
7. ________ sōl oritur.
8. ________ astra et lūna lucēbant. ________ sōl oritur.

mānē
merīdiē
nocte
vesperī

Numa Pompilius

Capitulum Quartum

Nōmen:______________________

Diēs : ____/____/____

Quadrāns: _____ Hebdomas: _____

Exercitium VII

Sī nōs volē______ habēre sacrificia, necesse ______ habēre fastōs. Itaque Rōmānī dēbē______ habēre bonōs fastōs.

Annus Rōmānus habē______ decem mēnsēs tantum? Nōn satis ______!

Rōmānī intellegēbā______ diēs per sōlem. Sī sōl oritur et deinde occidit, nōs habē______ diem. Sī sōl nōn ______ in caelō, ______ nōx. Trīgintā diēs ______ ūnā in mēnse. Etiam trīgintā (XXX) noctēs ______ ūnā in mēnse. Diēs ______ inter noctēs. Et noctēs ______ inter diēs.

Etiam aestāte sōl saepe splendē______. Sī sōl saepe splendē______, multae nūbēs nōn saepe in caelō ______. Autumnō caelum iterum frīgidum fit. Folia colōrēs mūtā______.

ego -__bam
tū -__bās
is/ea/id -__bat

nōs -__bāmus
vōs -__bātis
eī/eae/ea -__bant

ego erām
tū erās
is/ea/id erat

nōs erāmus
vōs erātis
eī/eae/ea erant

Exercitium VIII

Diē s____ splendet in cael____. Nocte saepe lūn____ lūcet in cael____, sed nōn semper. Nocte saepe mult____ astr____ quoque splendent in cael____. Sed fortasse sunt mult____ nūb____ in cael____, et astr____ et lūn____ nōn splendent.

Erant mult____ part____ diēī. Prīm____ pars est mānē. Manē s____ oritur. Deinde alter____ pars est merīdiēs. Merīdiē s____ est medi____ in cael____. Terti____ pars est tempus post merīdi____. Quarta pars est vesp____; vesperī s____ occidit. Intellegēbāmus diēs per sōl____ et mēns____ per lūn____. Dēbēbāmusne intellegere ann____ per sōl____ an mēns____?

Sunt quattuor part____ ann____, quibus nōmina sunt hiem____, v____, aest____, et autumn____. Hiem____ cael____ erat frīgid____. Fortasse ningēbat. Saepe hiem____ multae erant nūb____ in caelō. Vēr____ fortasse cael____ fit placid____. Fortasse vēr____ cael____ habēbat mult____ nūb____. Etiam vēr____ herb____ et flōr____ crescēbant. Vēr____ mult____ foli____ erant viridia____ .

Singulāris
Nom/ Abl /Acc
-a / -ā / -am
-us/er/ -ō / -um
-um / -ō / -um
-___/ -e / -em

Plūrālis
Nom/ Abl /Acc
-ae /-īs / -ās
-ī /-īs / -ōs
-a /-īs / -a
-ēs/-ibus/ -ēs

Numa Pompilius

Capitulum Quartum

Nōmen:______________________

Diēs : ____/____/____

Quadrāns: _____ Hebdomas: _____

Exercitium IX

Aestāt____ cael____ nōn fit frīgid____ sed calid____ et placid____. Etiam aestāt____ s____ saepe splendēbat. Sī s____ saepe splendēbat, mult____ nūb____ nōn saepe erant in cael____. Autumn____ cael____ iterum fit frīgid____. Foli____ mūtābant colōr____. Mult____ foli____ autumn____ fiunt flāva vel rubra vel fusca nōn viridi____. Autumn____ mult____ nūb____ erant in cael____. Deinde hiem____ iterum fit.

Sed nunc nōs habēbāmus mal____ fast____. Nōs mal____ dīvīsiōn____ temporis habēbāmus. Aest____ calid____ esse dēbēbat, sed aestāt____ cael____ erat frīgid____. Aestāt____ cael____ placid____ esse dēbēbat, sed mult____ nūb____ erant in cael____. Hiem____ dēbēbat esse frīgid____, sed hiem____ mult____ foli____ erant viridi____. Hiem____ dēbēbat ningere, sed aestāt____ ningēbat.

V____ dēbēbat habēre mult____ foli____ viridi____, sed vēr____ cael____ erat calid____. V____ dēbēbat habēre nūb____, sed cael____ erat placid____. Vēr____ herb____ et flōr____ dēbēbant crescere sed nōn crēscēbant. Autumn____ dēbēbat habēre foli____ flāv____ vel rubr____ vel fusc____, sed autumn____ cael____ erat placid____ et calid____.

Singulāris

Nom/ Abl /Acc

-a / -ā / -am

-us/er/ -ō / -um

-um / -ō / -um

-___/ -e / -em

Plūrālis

Nom/ Abl /Acc

-ae /-īs / -ās

-ī /-īs / -ōs

-a /-īs / -a

-ēs/-ibus/ -ēs

Numa Pompilius

Capitulum Quartum

Nōmen:________________________
Diēs : ____/____/____
Quadrāns: _____ Hebdomas: _____

Exercitium XI

I. Implē indicēs verbīs fīnibus rēctīs ornātīs! Fill in charts with words with the right endings!

A. **Nōmen:** herba, herbae (f) - a plant, herb **Dēclīnātiōnis:** _____

	LATĪNĒ SINGULĀRIS	**LATĪNĒ** PLŪRĀLIS	**ANGLICĒ** SINGULĀRIS
Nom			
Gen			
Dat			
Acc			
Abl			

B. **Nōmen**: deus, deī (m) - a god **Dēclīnātiōnis:** _____

	LATĪNĒ SINGULĀRIS	**LATĪNĒ** PLŪRĀLIS	**ANGLICĒ** SINGULĀRIS
Nom			
Gen			
Dat			
Acc			
Abl			

C. **Nōmen**: folium, foliī (n) - a leaf **Dēclīnātiōnis:** _____

	LATĪNĒ SINGULĀRIS	**LATĪNĒ** PLŪRĀLIS	**ANGLICĒ** SINGULĀRIS
Nom			
Gen			
Dat			
Acc			
Abl			

D. **Nōmen**: astēr, asteris (n) - star **Dēclīnātiōnis:** _____

	LATĪNĒ SINGULĀRIS	**LATĪNĒ** PLŪRĀLIS	**ANGLICĒ** SINGULĀRIS
Nom			
Gen			
Dat			
Acc			
Abl			

Numa Pompilius

Capitulum Quartum

Nōmen:______________________

Diēs : ____/____/____

Quadrāns: _____ Hebdomas: _____

Exercitium XII

I. Implē indicēs verbīs fīnibus rēctīs ornātīs! Fill in charts with words with the right endings!

A. **Verbum:** fīō, fierī, ----, factum - to become, be made **(Praesentis)** **Coniugātiōnis:** _____

	LATĪNĒ		ANGLICĒ	
	SINGULĀRIS	PLŪRĀLIS	SINGULĀRIS	PLŪRĀLIS
1				
2				
3				
I		XXXXXXXXXXXX		XXXXXXXXXXXX

B. **Verbum:** crescō, crescere, crēvī, crētum - to grow **(Imperfectī)** **Coniugātiōnis:** _____

	LATĪNĒ		ANGLICĒ	
	SINGULĀRIS	PLŪRĀLIS	SINGULĀRIS	PLŪRĀLIS
1				
2				
3				
I		XXXXXXXXXXXX		XXXXXXXXXXXX

II. Implē spatia formīs rēctīs verbōrum temporālium! Indicibus suprā ūtere!
Fill in the spaces with the correct forms of verbs! Use the charts above!

A. Lūna crassa __________ . Ego crassus nōn __________. (fīō)

B. Multae flōrēs __________. Lūna quoque __________. (crescō)

C. Tūne frīgidus __________ ? Caelum frīgidum __________. (fīō)

D. Vōs __________. Ego quoque __________. (crescō)

E. Post Autumnum hiems iterum __________ . Multī discipulī bonī __________ . (fīō)

Numa Pompilius

Capitulum Quartum

Nōmen:______________________
Diēs : ____/____/____
Quadrāns: _____ Hebdomas: _____

Exercitium XIII

A. **Verbum**: fīō, fierī, —-, factum - to become, be made **(Praesentis)** **Coniugātiōnis:** _____

LATĪNĒ **ANGLICĒ**

	SINGULĀRIS	PLŪRĀLIS	SINGULĀRIS	PLŪRĀLIS
1				
2				
3				
I		XXXXXXXXXXXX		XXXXXXXXXXXX

B. **Verbum**: splendeō, splendēre, splenduī, —- - to shine, be bright **(Imperf.) Coni.:** _____

LATĪNĒ **ANGLICĒ**

	SINGULĀRIS	PLŪRĀLIS	SINGULĀRIS	PLŪRĀLIS
1				
2				
3				
I		XXXXXXXXXXXX		XXXXXXXXXXXX

C. **Verbum**: occidō, occidere, occidī, occāsum - to fall, go down **(Praesentis.)** **Coniugātiōnis:** ____

LATĪNĒ **ANGLICĒ**

	SINGULĀRIS	PLŪRĀLIS	SINGULĀRIS	PLŪRĀLIS
1				
2				
3				
I		XXXXXXXXXXXX		XXXXXXXXXXXX

D. **Verbum**: sum, esse, fuī, — - to be **(Praesentis)** **Coniugātiōnis:** _____

LATĪNĒ **ANGLICĒ**

	SINGULĀRIS	PLŪRĀLIS	SINGULĀRIS	PLŪRĀLIS
1				
2				
3				
I		XXXXXXXXXXXX		XXXXXXXXXXXX

Numa Pompilius

Capitulum Quīntum

Nōmen:______________________

Diēs : ____/____/____

Quadrāns: _____ Hebdomas: _____

PĒNSUM A - Scrībe litteram prope verbum quod dēbet ponī in spatiō:

Write the letter next to the word which should be put in the blank:

Capitulum Quīntum - Numa - Dē Kalendīs (pars altera)

Quot diēs dēbent esse ūnō in **–A–** ? Si tū habēs trīgintā (XXX) diēs per mēnsem et habēs decem mēnsēs, habēs trecentōs (CCC) diēs ūnō in annō. Sed trecentī (CCC) diēs nōn satis sunt. Sī sunt trecentī (CCC) diēs tantum, facimus sacrificia et orāmus deum dē hieme, sed caelum est calidum. Nunc sī orāmus deum dē vēre, fortasse caelum frīgidum fit. Nunc sī colimus deum et sacerdōtēs sacrificant dē autumnō, fortasse ningit. Fortasse sacerdōtēs orant deum dē aestāte, sed folia fiunt flāva vel rubra vel fusca. Malum est.

Nōs debēbāmus habēre duodecim (XII) mēnsēs nōn decem tantum. Nunc Rōmānī habēbant decem mēnsēs, quibus nōmina erant Mārtius et Aprīlis et Māius et Iūnius et **–B–** et Sextīlis et September et Octōber et November et December.

Cūr mēnsis September habuit numerum septem (VII) in nōmine? Habuit numerum septem in nōmine quia erat septimus mēnsis. Similī modō Quīntīlis erat mēnsis quīntus. Octōber erat octāvus mēnsis. Similī **–C–** November nōnus et December decimus erant.

Sed decem mēnsēs satis diēs nōn habēbant. Nōn erat annus. Sōl et partēs annī nōn erant similēs inter annōs. Erat malum. Itaque dēbuimus addere duōs mēnsēs. Dēbēbāmus intellegere annum per sōlem. Sī addimus duōs mēnsēs, habēmus **–D–** (CCC) sexāgintā (LX) diēs.

Volō addere mēnsēs nōn in fīne annī sed in initiō annī. Quae nōmina sunt? Novī mēnsēs vocābantur Iānuārius et Februārius. Nunc Rōmānī habēbant duodecim (XII) mēnsēs. Iānuārius erat prīmus mēnsis, Februārius secundus vel alter. Deinde aliī mēnsēs erant. Annus Rōmānus nunc **–E–** mēnsēs habēbat. Annus Rōmānus nunc habēbat trecentōs (CCC) sexāgintā (LX) diēs. Fastī bonī sunt.

Nunc hieme caelum est frīgidum et nōn sunt folia viridia. Vēre herbae crēscunt. Aestāte caelum calidum et **–F–** est. Autumnō caelum nōn est calidum et folia sunt flāva vel rubra vel fusca. Autumnō et hieme nubēs in caelō erant.

Nunc Rōmānī intellegēbant annum per sōlem. Intellegēbāmus diem per sōlem. Sed intellegēbāmus mēnsēs per **–G–** . Quot diēs erant in novō annō? Rōmānī habēbant trecentōs (CCC) sexāgintā (LX) diēs in annō. Rōmānī nunc intellegēbant mēnsēs per lūnam. Quot diēs erant in ūnā mēnse? Erant trīgintā (XXX) diēs per mēnsem.

Novī fastī erant bonī. Nōs faciēbāmus sacrificia et **–H–** deum dē hieme, et caelum erat frīgidum. Fortasse ningit. Nunc sī orāmus deum dē vēre, caelum frīgidum nōn fit. Vēre folia dēbēbant esse viridia et erant. Aestāte sōl splendēbatt, et nōn erant multae nūbēs in caelō. Autumnō folia **–I–** colōrēs.

Sed nōmina mēnsium nunc nōn erant in ordine. Quīntīlis erat mēnsis septimus. Sextīlis octāvus mēnsis erat. Similī modō Octōber decimus, November undecimus, et December duodecimus erant. Quia nōs habēbāmus bonōs fastōs, sacerdōtēs deōs bene orābant. Nunc urbs Rōma **–J–** erat. Quia habēbāmus pācem et bonōs fastōs, nōs deōs bene orābāmus et colēbāmus. Fortasse laetī eramus.

Vocābula:

1. ____ orābāmus **2.** ____ Quīntīlis **3.** ____ serēnum **4.** ____ annō **5.** ____ mutābant

6. ____ duodecim **7.** ____ lūnam **8.** ____ modō **9.** ____ pia **10.** ____ trecentōs

Numa Pompilius

Nōmen:______________________

Diēs : ____/____/____

Capitulum Quīntum

Quadrāns: _____ Hebdomas: _____

PĒNSUM B - Scrībe litterās persōnīs in spatiīs!

Write the letters for the characters in the spaces!

Capitulum Quīntum - Numa - Dē Fastīs (pars altera)

1. _____ Nōs intellegēbāmus eōs per lūnam.

2. _____ Nunc Rōmānī habēbant duodecim (XII).

3. _____ nunc habēbat trecentōs (CCC) sexāgintā (LX) diēs. Fastī bonī sunt.

4. _____ Sī addimus duōs **eōs**, habēmus trecentōs (CCC) sexāgintā (LX) diēs.

5. _____ folia mutābant colōrēs.

6. _____ Nōmina erant Mārtius et Aprīlis et Māius et Iūnius et Quīntīlis et Sextīlis..

7. _____ Novī fastī erant bonī.

8. _____ Dēbēbāmus intellegere **eum** per sōlem.

9. _____ Rōmānī habēbant trecentōs (CCC) sexāgintā (LX) diēs in **eō**.

10. _____ Novī vocābantur Iānuārius et Februārius.

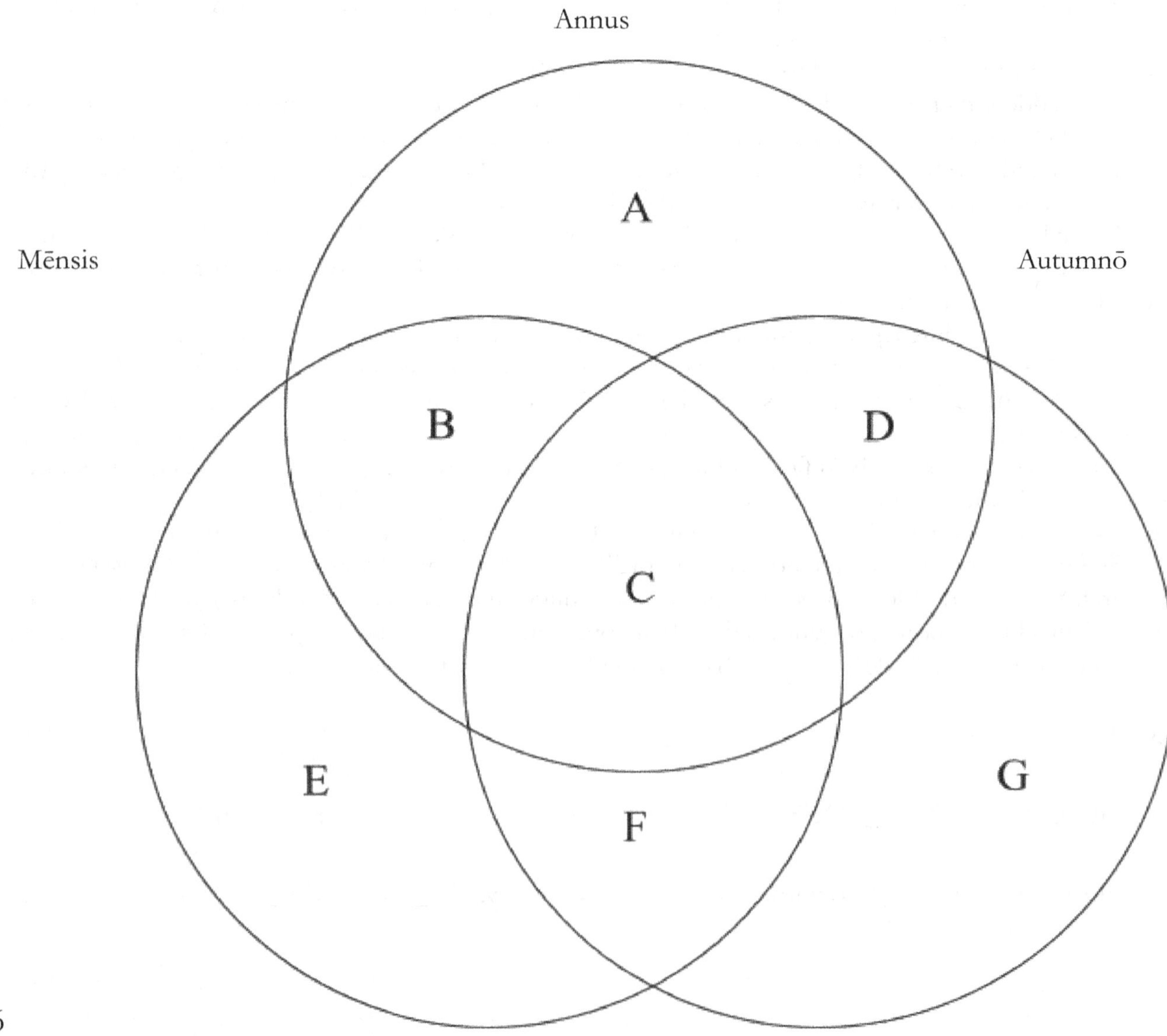

Numa Pompilius | Nōmen:______________________
Diēs : ____/____/____
Capitulum Quīntum | Quadrāns: _____ Hebdomas: _____

PĒNSUM C - Dēlīneā circulum circum verbum prāvum quod nōn in fābulā est!

Draw a circle around the incorrect word which is not in the story:

Capitulum Quīntum - Numa - Dē Fastīs (Pars Altera)

1. Quot diēs dēbent esse ūnō in annō? Si tū habēs trīgintā (XXX) diēs per mēnsem et habēs decem mēnsēs, habēs trecentōs (CCC) diēs ūnō in annō. Sed trēs (III) diēs nōn satis sunt. Sī sunt trecentī (CCC) diēs tantum, facimus sacrificia et orāmus deum dē hieme, sed caelum est calidum.

2. Nunc sī orāmus deum dē vēre, fortasse caelum frīgidum fit. Nunc sī colimus deum et sacerdōtēs sacrificant dē autumnō, fortasse ningit. Fortasse rēgēs orant deum dē aestāte, sed folia fiunt flāva vel rubra vel fusca. Malum est.

3. Nōs debēbāmus habēre duodecim (XII) mēnsēs nōn decem tantum. Nunc Rōmānī habēbant decem mēnsēs, quibus vincula erant Mārtius et Aprīlis et Māius et Iūnius et Quīntīlis et Sextīlis et September et Octōber et November et December. …

4. Sed decem mēnsēs satis diēs nōn habēbant. Nōn erat annus. Sōl et partēs annī nōn erant similēs inter annōs. Erat malum. Itaque dēbuimus addere duōs canēs. Dēbēbāmus intellegere annum per sōlem. Sī addimus duōs mēnsēs, habēmus trecentōs (CCC) sexāgintā (LX) diēs.

5. Volō addere mēnsēs nōn in fīne annī sed in initiō annī. Quae nōmina sunt? Novī mēnsēs vocābantur Iānuārius et Februārius. Nunc Rōmānī habēbant duodecim (XII) mēnsēs. Iānuārius erat prīmus fenestra, Februārius secundus vel alter. …

6. Nunc hieme caelum est frīgidum et nōn sunt folia viridia. Vēre herbae crēscunt. Aestāte caelum calidum et serēnum est. Autumnō caelum nōn est ferum et folia sunt flāva vel rubra vel fusca. Autumnō et hieme nubēs in caelō erant.

7. Nunc Rōmānī intellegēbant annum per sōlem. Intellegēbāmus diem per sōlem. Sed intellegēbāmus mēnsēs per lūnam. Quot diēs erant in novō poculō? Rōmānī habēbant trecentōs (CCC) sexāgintā (LX) diēs in annō. Rōmānī nunc intellegēbant mēnsēs per lūnam.

8. Novī fastī erant bonī. Nōs faciēbāmus sacrificia et orābāmus deum dē fēle, et caelum erat frīgidum. Fortasse ningit. Nunc sī orāmus deum dē vēre, caelum frīgidum nōn fit. Vēre folia dēbēbant esse viridia et erant.

9. Aestāte sōl splendēbat, et nōn erant multae nūbēs in caelō. Autumnō folia mutābant colōrēs. Sed nōmina mēnsium nunc nōn erant in ordine. Quīntīlis erat mēnsis prīmus. Sextīlis octāvus mēnsis erat. Similī modō Octōber decimus, November undecimus, et December duodecimus erant.

10. Quia nōs habēbāmus bonōs magistrōs, sacerdōtēs deōs bene orābant. Nunc urbs Rōma pia erat. Quia habēbāmus pācem et bonōs fastōs, nōs deōs bene orābāmus et colēbāmus. Fortasse laetī erāmus.

Numa Pompilius

Capitulum Quīntum

Nōmen:______________________

Diēs : ____/____/____

Quadrāns: _____ Hebdomas: _____

PĒNSUM D - Dēlīneā significātiōnem in arcā super locutiōnem!

Draw the meaning in the box above the phrase!

Capitulum Quīntum - Numa - Dē Fastīs (pars altera)

trecentī (CCC)	duodecim (XII)	septem (VII)
hiems	vēr	aestas
autumnus	addere	nōn in fīne annī sed in initiō annī
folia viridia	flāva vel rubra vel fusca	ningit

Numa Pompilius | Nōmen:______________________
Diēs : ____/____/____
Capitulum Quīntum | Quadrāns: _____ Hebdomas: _____

PĒNSUM E - Responde Latinē sententiīs complētīs! Reply in Latin in complete sentences!

1. **Quot (how many)** diēs sunt ūnō in annō? Quid significat Anglicē, "ūnō in annō"?

____

2. **Quot** mēnsēs habēre Rōmānī dēbēbant? **Cūr (why)** September habet septem in nōmine?

____

3. Quid significat Anglicē, "similī modō"? Erant**ne** decem mēnses annus, ita an minimē?

____

4. **Quot** mēnsēs Rōmānī dēbuērant addere? Dēbēbant**ne** Rōmānī intellegere annum per sōlem?

____

5. **Quot** diēs Rōmānī nunc habēbant? Volēbat**ne** Numa addere mēnsēs in initiō **an (or)** in fīne annī?

____

6. **Quōmodo (how)** vocābantur novī mēnsēs? **Quot** mēnsēs Rōmānī nunc habēbant?

____

7. Sunt**ne** folia viridia hieme, ita **an** minimē? **Quae** vēre crescunt?

____

8. **Quāle (what kind)** caelum est Aestāte? **Quae** in caelō hieme sunt?

____

9. Intellegēbant**ne** Rōmānī annum per sōlem **an** lūnam? **Quōmodo** Rōmānī nunc intellegēbant mēnsēs?

____

10. Est**ne** caelum calidum **an** frīgidum, sī ningit? Erant**ne** nōmina mēnsium in ordine, ita an minimē?

____

Numa Pompilius | Nōmen:________________________
Diēs : ____/____/____
Capitulum Quīntum | Quadrāns: _____ Hebdomas: _____

I. Scrībe rēcta responsa in spatiīs! Ūtere verbis vel fīnibus in margine!
Write the correct answers in the spaces! Use the words or endings in the margin!

Capitulum Quīntum - Numa - Dē Fastīs (pars altera) s

Exercitium I

1. Fīnis hiemis vēr ________ .
2. Multa folia autumnō flāva vel rubra vel fusca ________ .
3. Nōs omnēs senātōrēs nōn ________ .
4. Tū rēx Rōmae nōn ________ . Numa rēx ________ .
5. Vōs**ne** Rōmānī ________ ?
6. Ver aestās ________ . Aestās autumnus et autumnus hiems ________ .
7. Ego calidus ________ . Vōs**ne** frīgidī ________ ?
8. Hieme caelum frīgidum ________ . Nunc fastī Rōmānī bonī ________ .

ego fīō
tū fīs
is/ea/id fit

nōs fīmus
vōs fītis
eī/eae/ea fīunt

Exercitium II

1. ________ caelum calidum et serēnum est.
2. ________ folia mutābant colōrēs.
3. ________ herbae crēscunt.
4. ________caelum est frīgidum et nōn sunt folia viridia.
5. ________sōl splendēbat, et nōn erant multae nūbēs in caelō.
6. ________ et ________ nūbēs in caelō erant.
7. ________ caelum est frīgidum et nōn sunt folia viridia.
8. ________ folia dēbēbant esse viridia et erant.

hieme
vēre
aestāte
autumnō

Exercitium III

1. Nōs dēbē_____ habēre duodecim (XII) mēnsēs
2. Nunc Rōmānī habē_____ decem mēnsēs
3. Sed decem mēnsēs satis diēs nōn habē_____.
4. Nōs dēbē_____ intellegere annum per sōlem.
5. Annus Rōmānus nunc trecentōs (CCC) sexāgintā (LX) diēs habē_____ .
6. Vōs**ne** intellegē_____ diem per sōlem an lūnam?
7. Ego certē intellegē_____ annum per sōlem.
8. Numa mēnsem per lūnam intellegē_____ .

ego -__bam
tū -__bās
is/ea/id -__bat

nōs -__bāmus
vōs -__bātis
eī/eae/ea -__bant

Numa Pompilius

Capitulum Quīntum

Nōmen:______________________
Diēs : ____/____/____
Quadrāns: _____ Hebdomas: _____

Exercitium IV

1. Aest_____ autumn_____ fit. Autumn_____ post aestāt_____ est.
2. Hiem_____ post autumn_____ fit. V_____ post hiem_____ est.
3. V_____ aest_____ fit. Aest_____ est post vēr_____ .
4. V_____ post hiem_____ est. Hiem_____ v_____ fit.
5. Hiem_____ fortasse ningit. Vēr_____ folia viridia sunt.
6. Aestāt_____ caelum calidum fit. Aest_____ autumn_____ fit.
7. Vēr_____ herbae crēscunt. Autumn_____ folia rubra vel flāva fiunt.
8. Hiem_____ caelum frīgidum fit. Hiem_____ post autumn_____ est.

Singulāris
Nom/ Abl /Acc
-a / -ā / -am
-us/er/ -ō / -um
-um / -ō / -um
-___/ -e / -em

aestas, aestātis
autumnus, ī
hiems, hiemis
vēr, vēris
post<->ante (+acc)

Exercitium V
Quod vocābulum est simile eōdem in modo?
What vocab word is similar in the same way?

1. ūnus : duodecim :: annus : _______________
2. novus : initium :: ultimus : _______________
3. sex : sexāgintā :: decim : _______________
4. annus : mēnsis :: ūnus : _______________
5. ultimus : novus :: fīnis : _______________
6. decem : centum :: trīgintā : _______________
7. dies : mēnsis :: trīginta : _______________
8. trēs : trīgintā :: ūnus : _______________

annus
centum
decem
dies
duodecim
fīnis
initium
mēnsis
novus
septem
sexāgintā
trēs
trecentī
trīgintā
ultimus
ūnus

Exercitium VI

1. Nov_____ mēns_____ vocābantur Iānuārius et Februārius.
2. Nunc Rōmān_____ habēbant duodecim (XII) mēns_____.
3. Sī Rōmān_____ sacrifici_____ bene faciunt, pi_____ sunt.
4. Hieme nōn sunt foli_____ viridi_____. Vēre herb_____ crēscunt.
5. Sī mōr_____ sunt bon_____, fortasse Rōmān_____ laet_____ fiunt.
6. Sacerdōt____ de___ bene orābant. Nov____ fast____ erant bon____ .
7. Nōs faciēbāmus sacrifici____ . Habēbāmus bon_____ fast_____.
8. Nōs de_____ colēbāmus. Laet_____ erāmus.

Plūrālis
Nom/Abl /Acc
-ae /-īs / -ās
-ī /-īs / -ōs
-a /-īs / -a
-ēs/-ibus/ -ēs

Nōmen:____________________

Diēs : ____/____/____

Quadrāns: _____ Hebdomas: _____

Exercitium VII

Sī tū habēs trīgintā (XXX) di_____ per mēns_____ et habēs decem mēns_____, habēs trecent (CCC) di_____ ūn_____ in ann_____. Sed trecent_____ (CCC) di_____ nōn satis sunt. Sī sunt trecentī (CCC) di_____ tantum, facimus sacrifici_____ et orāmus de_____ dē hiem_____, sed cael_____ est calid_____. Nunc sī orāmus de_____ dē vēr_____, fortasse cael_____ frīgid_____ fit. Nunc sī colimus de_____ et sacerdōt_____ sacrificant dē autumn_____, fortasse ningit. Fortasse sacerdōt_____ orant de_____ dē aestāt_____, sed folia fīunt flāv_____ vel rubr_____ vel fusc_____. Mal_____ est.

Nōs dēbēbāmus habēre duodecim (XII) mēns_____ nōn decem tantum. Nunc Rōmān_____ habēbant dec_____ mēns_____, quibus nōmin_____ erant Mārti_____ et Aprīl_____ et Māi_____ et Iūni_____ et Quīntīl_____ et Sextīl_____ et Septemb_____ et Octōb_____ et Novemb_____ et Decemb_____.

Singulāris
Nom/ Abl /Acc
-a / -ā / -am
-us/er/ -ō / -um
-um / -ō / -um
-__/ -e / -em

Plūrālis
Nom/ Abl /Acc
-ae /-īs / -ās
-ī /-īs / -ōs
-a /-īs / -a
-ēs/-ibus/ -ēs

Exercitium VIII

Nunc _________ caelum est _________ et nōn sunt _________ viridia. _________ herbae crēscunt. Aestāte _________ serēnum et _________ est. _________ caelum nōn est _________ et _________ sunt flāva vel rubra vel fusca. _________ et _________ nūbēs in _________ erant.

Nunc Rōmānī intellegēbant _________ per _________. Intellegēbāmus quoque _________ per _________. Sed intellegēbāmus _________ per _________. Quot _________ erant in novō _________? Rōmānī habēbant trecentōs (CCC) sexāgintā (LX) _________ in _________. Rōmānī nunc intellegēbant _________ per lūnam. Quot _________ erant in ūnā _________? Erant trīgintā (XXX) _________ per _________ .

Novī _________ erant bonī. Nōs faciēbāmus _________ et orābāmus deum. Nunc sī orāmus deum dē _________, caelum frīgidum nōn fit. _________ _________ dēbēbant esse viridia et erant. _________ sōl splendēbat, et nōn erant multae nūbēs in _________. _________ folia mutābant colōrēs.

aestās, aestātis
annus, ī
autumnus
caelum, ī
calidus, a, um
fastī, ōrum
folium, ī
frīgidus, a, um
hiems, hiemis
lūna, ae
mēnsis, mēnsis
sacrificium, ī
sōl, sōlis
vēr, vēris

Numa Pompilius

Nōmen:______________________

Diēs : ____/____/____

Capitulum Quīntum

Quadrāns: _____ Hebdomas: _____

Exercitium IX

I. Implē indicēs verbīs fīnibus rēctīs ornātīs! Fill in charts with words with the right endings!

A. **Nōmen:** ianua, ianuae (f) - door **Dēclīnātiōnis:** _____

	LATĪNĒ SINGULĀRIS	**LATĪNĒ** PLŪRĀLIS	**ANGLICĒ** SINGULĀRIS
Nom			
Gen			
Dat			
Acc			
Abl			

B. **Nōmen:** annus, annī (m) - year **Dēclīnātiōnis:** _____

	LATĪNĒ SINGULĀRIS	**LATĪNĒ** PLŪRĀLIS	**ANGLICĒ** SINGULĀRIS
Nom			
Gen			
Dat			
Acc			
Abl			

C. **Nōmen:** caelum, caelī (n) - sky **Dēclīnātiōnis:** _____

	LATĪNĒ SINGULĀRIS	**LATĪNĒ** PLŪRĀLIS	**ANGLICĒ** SINGULĀRIS
Nom			
Gen			
Dat			
Acc			
Abl			

D. **Nōmen:** nemus, nemoris (n) - grove, thicket **Dēclīnātiōnis:** _____

	LATĪNĒ SINGULĀRIS	**LATĪNĒ** PLŪRĀLIS	**ANGLICĒ** SINGULĀRIS
Nom			
Gen			
Dat			
Acc			
Abl			

Numa Pompilius

Capitulum Quīntum

Nōmen:______________________
Diēs : ____/____/____
Quadrāns: _____ Hebdomas: _____

Exercitium X

I. Implē indicēs verbīs fīnibus rēctīs ornātīs! Fill in charts with words with the right endings!

A. **Verbum:** intellegō, intellegere, intellēxī, intellectum - to understand **(Imperf) Coni.:** _____

	LATĪNĒ		ANGLICĒ	
	SINGULĀRIS	PLŪRĀLIS	SINGULĀRIS	PLŪRĀLIS
1				
2				
3				
I		XXXXXXXXXXXX		XXXXXXXXXXXX

B. **Verbum:** sum, esse, fuī, —- - to be **(Imperfectī) Coniugātiōnis:** _____

	LATĪNĒ		ANGLICĒ	
	SINGULĀRIS	PLŪRĀLIS	SINGULĀRIS	PLŪRĀLIS
1				
2				
3				
I		XXXXXXXXXXXX		XXXXXXXXXXXX

II. Implē spatia formīs rēctīs verbōrum temporālium! Indicibus suprā ūtere!
Fill in the spaces with the correct forms of verbs! Use the charts above!

A. Numa mēnsēs per lūnam __________ . Rōmānī annum per sōlem __________. (intellegō)

B. Fāstī malī __________. Necesse __________ Numae fastōs corrīgere. (sum)

C. Tū**ne** numerōs __________ ? Nōs diēs per lūnam nōn __________ . (intellegō)

D. Numa rēx alter __________. Quattuor partēs annī __________ . (sum)

E. Augur auguria per avēs __________ . Vōs diem per sōlem __________ . (intellegō)

Numa Pompilius

Capitulum Quīntum

Nōmen:______________________

Diēs : ____/____/____

Quadrāns: _____ Hebdomas: _____

Exercitium XI

A. **Verbum:** fīō, fierī, —- , factum - to become **(Praesentis)** **Coniugātiōnis:** _____

LATĪNĒ **ANGLICĒ**

	SINGULĀRIS	PLŪRĀLIS	SINGULĀRIS	PLŪRĀLIS
1				
2				
3				
I		XXXXXXXXXXXX		XXXXXXXXXXXX

B. **Verbum:** mūtō, mūtāre, mūtāvī, mūtātum - to change **(Imperfectī)** **Coni.:** ____

LATĪNĒ **ANGLICĒ**

	SINGULĀRIS	PLŪRĀLIS	SINGULĀRIS	PLŪRĀLIS
1				
2				
3				
I		XXXXXXXXXXXX		XXXXXXXXXXXX

C. **Verbum:** intellegō, intellegere, intellēxī, intellectum - to understand **(Imperf) Coni.:** ____

LATĪNĒ **ANGLICĒ**

	SINGULĀRIS	PLŪRĀLIS	SINGULĀRIS	PLŪRĀLIS
1				
2				
3				
I		XXXXXXXXXXXX		XXXXXXXXXXXX

D. **Verbum:** sum, esse, fuī, —- - to be **(Imperfectī)** **Coniugātiōnis:** _____

LATĪNĒ **ANGLICĒ**

	SINGULĀRIS	PLŪRĀLIS	SINGULĀRIS	PLŪRĀLIS
1				
2				
3				
I		XXXXXXXXXXXX		XXXXXXXXXXXX

Numa Pompilius

Capitulum Sextum

Nōmen:________________________
Diēs : ____/____/____
Quadrāns: _____ Hebdomas: _____

PĒNSUM A - Scrībe litteram prope verbum quod dēbet ponī in spatiō:
Write the letter next to the word which should be put in the blank:

Capitulum Sextum - Cīvis Rōmānus

Salvē! Nōmen mihi fuit Gaius. Cīvis Rōmānus sum et Rōmae habitō. Alter rēx est nōbīs Rōmānīs, cui nōmen **–A--** Numa Pompilius. Numa fuit vir pius et bene coluit deōs. Numa nunc corrēxit fastōs.

Numa pius quoque instituit multōs sacerdōtēs. Prīmum fēcit augurem sacerdōtem esse, quī bene intellēxit auguria deōrum. Augur aspexit avēs et **–B–** signa deōrum.

Deinde Numa pius fēcit flāminem Diālem. Flāmen Diālis erat sacerdōs Iovis. Flāmen Diālis **–C–** Iovem et sacrificābat animālia Iovī. Iūppiter erat pater et rēx deōrum, itaque bonum erat habēre Flāminem Diālem et colere Iovem.

Numa dedit flāminī Diālī sellam curūlem. Sella curūlis est bona. Etiam rēx Numa in sellā curūlī sedet sed aliī virī in sellā curūlī nōn sedent. Sī necesse est **–D–** exspectāre vel sī fessus fit, potest considere ubīcumque vult.

Numa quoque dedit flāminī Diālī vestēs insignēs. Vestēs insignēs erant pulchrae. Nōn omnis populus Rōmānus vestēs insignēs nōn gerēbant, sed sōlus flāmen Diālis. Nunc flāmen Diālis Iovem orābat et colēbat. Is sacrificābat animālia Iovī et amābat deum. Sī flāmen Diālis Iovem bene **–E–** , fortasse Iūppiter nōs Rōmānōs bene amabit. Sī Iūppiter pater deōrum laetus est, fortasse Rōmānī laetī sunt.

Tertium, Numa fēcit sacerdōtem Mārtis. Mārs erat deus bellī et pater Rōmulī. Itaque fortasse erat pater omnium Rōmanōrum. Bonum erat colere Mārtem. Sī sacerdōs Mārtem bene colit, fortasse nōs in bellō vincēmus. Sī **–F–** Mārtem male colit, fortasse nōs in bellō nōn vincēmus. Mārs erat fortis. Sī sacerdōs Mārtem bene orat, fortasse nōs quoque fiēmus fortēs. Et nunc tertius mēnsis annī habuit nōmen Mārtis. Erat mēnsis Mārtius.

Quartum, Numa pius fēcit sacerdōtem Quirīnī. Quis est Quirīnus? Ab initiō aliī Rōmānī, "Quirīnus," aiunt, "nōmen Sabīnum erat. Curēs erat **–G–** Sabīna, et hominēs quī in urbe habitābant Quirītēs vocābantur." Secundum Quirītēs Quirīnus erat pater Sabīnōrum et deus bellī. Itaque Quirīnus erat similis deō Mārtī. Nunc multī Sabīnī erant Rōmānī, itaque colēbāmus Quirīnum et Mārtem similēs deōs bellī.

Aliī Rōmānī, "**--H–** Mārs," aiunt, "Quirīnus vocātur. Quirīnus est secundum nōmen Mārtī." Aliī Rōmānī "Quirīnus," aiunt, "Rōmulus est. Rōmulus nunc erat deus. Rōmulus erat fīlius deī bellī. Nunc Quirīnus erat deus Rōmulus." Aliī Rōmānī "sī pater," aiunt, "Mārs est, et Mārs est Quirīnus, nōs Rōmānī omnēs Quirītēs sunt."

Et sēdēs Mārtis et sēdēs Quirīnī erant in colle, cui nōmen erat collis Quirīnālis. Urbs Rōma habēbat septem collēs, et **–I–** Quirīnālis erat ūnus ē septem. Nōs cīvēs Rōmānī colēbāmus et Quirīnum et Mārtem in colle Quirīnālī. Sacerdōs sacrificābat animal et orābat deōs. Fortasse nōs in bellō vincēmus.

Nunc Rōma erat urbs pia. Rōma habēbat augurem, quī intellegēbat auguria. Flāmen Diālis orābat Iovem et **–J–** animālia Iovī. Similī modō sacerdōtēs Mārtem et Quirīnum bene orābant. Rōma urbs pia et Rōmānī piī erant.

Vocābula:

1. ____ intellēxit **2.** ____ sacrificābat **3.** ____ colit **4.** ____ urbs **5.** ____ fuit

6. ____ sacerdōs **7.** ____ flāminī **8.** ____ collis **9.** ____ orābat **10.** ____ interdum

Nōmen:________________________

Diēs : ____/____/____

Quadrāns: _____ Hebdomas: _____

PĒNSUM B - Scrībe litterās persōnīs in spatiīs! - Capitulum Sextum - Rōmulus

Write the letters for the characters in the spaces!

Capitulum Sextum - Cīvis Rōmānus

1. ____ Nōs cīvēs Rōmānī colēbāmus **eum** in colle Quirīnālī.

2. ____ orābat Iovem et sacrificābat animālia Iovī.

3. ____ fuit vir pius et bene coluit deōs. Nunc corrēxit fastōs.

4. ____ **Eī** in sellīs curūlibus sedent.

5. ____ erat deus bellī et pater Rōmulī.

6. ____ Erat similis deō Sabīnō, cui nōmen erat Quirinus.

7. ____ Prīmum fēcit augurem sacerdōtem esse, quī bene intellēxit auguria deōrum.

8. ____ erat sacerdōs Iovis.

9. ____ Et nunc tertius mēnsis annī habuit nōmen **ēius**.

10. ____ **Is** vestēs insignēs gerēbat..

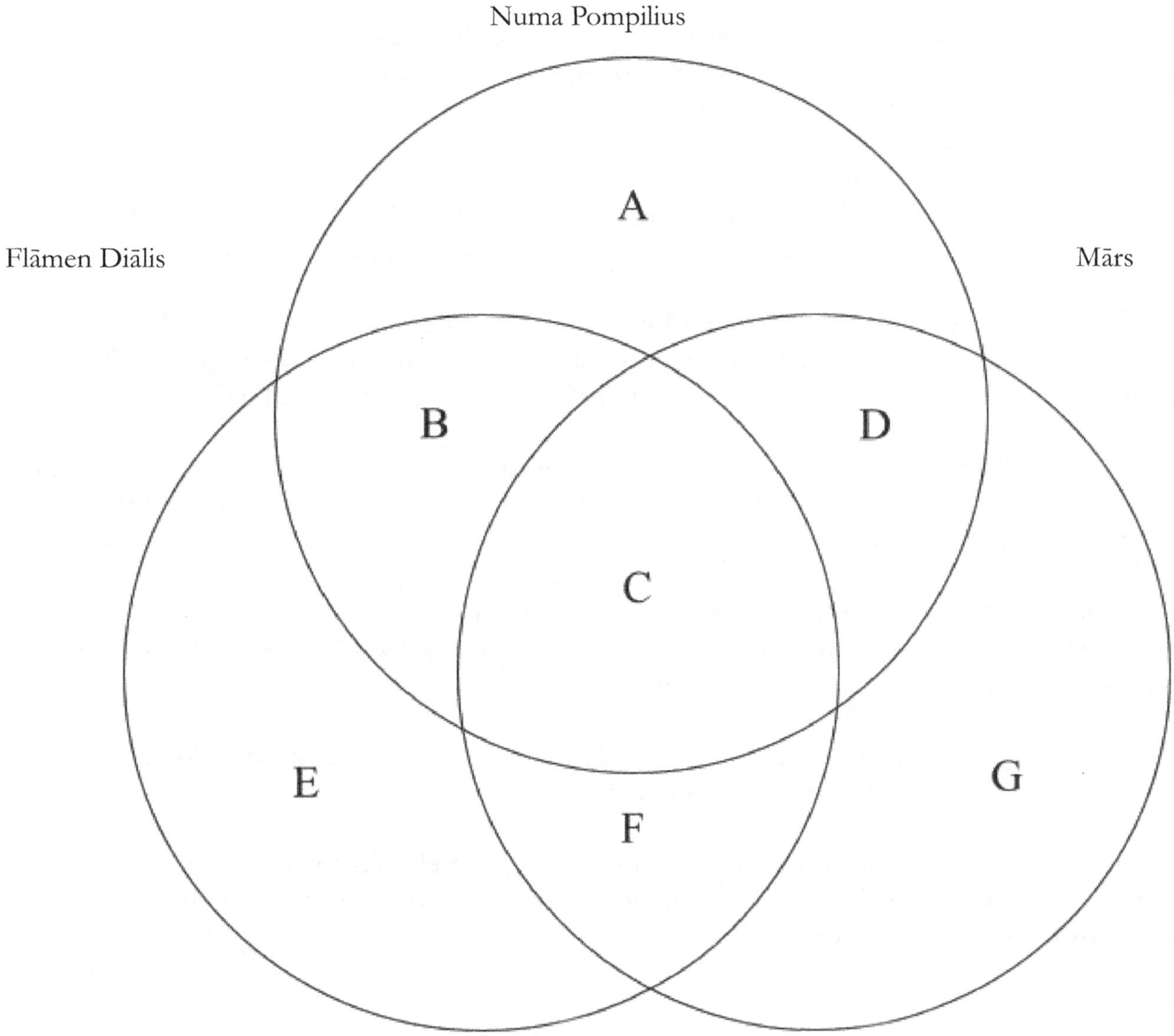

Numa Pompilius

Flāmen Diālis

Mārs

A

B

D

C

E

G

F

Numa Pompilius

Capitulum Sextum

Nōmen:________________________

Diēs : ____/____/____

Quadrāns: _____ Hebdomas: _____

PĒNSUM C - Dēlīneā circulum circum verbum prāvum quod nōn in fābulā est!

Draw a circle around the incorrect word which is not in the story:

Capitulum Sextum - Cīvis Rōmānus - Dē Religiōne

1. Salvē! Nōmen mihi fuit Gaius. Cīvis Rōmānus sum et Rōmae habitō. Alter rēx est nōbīs Rōmānīs, cui nōmen fuit Numa Pompilius. Numa fuit vir parvus et bene coluit deōs. Numa nunc corrēxit fastōs. Numa pius quoque instituit multōs sacerdōtēs. ...

2. Deinde Numa pius fēcit flāminem Diālem. Flāmen Diālis erat sacerdōs Iovis. Flāmen Diālis orābat Iovem et sacrificābat animālia Iovī. Iūppiter erat pater et rēx deōrum, itaque bonum erat fugere Flāminem Diālem et colere Iovem.

3. Numa dedit flāminī Diālī sellam curūlem. Sella curūlis est bona. Etiam rēx Numa in sellā curūlī sedet sed aliī virī in sellā curūlī nōn sedent. Sī necesse est flāminī exspectāre vel sī fessus fit, potest scrībere ubīcumque vult.

4. Numa quoque dedit flāminī Diālī vestēs insignēs. Vestēs insignēs erant pulchrae. Nōn omnis populus Rōmānus vestēs insignēs nōn comedēbant, sed sōlus flāmen Diālis. Nunc flāmen Diālis Iovem orābat et colēbat. Is sacrificābat animālia Iovī et amābat deum. ...

5. Tertium, Numa fēcit sacerdōtem Mārtis. Mārs erat deus bellī et pater Rōmulī. Itaque fortasse erat pater omnium Rōmanōrum. Bonum erat colere Mārtem. Sī fenestra Mārtem bene colit, fortasse nōs in bellō vincēmus. Sī sacerdōs Mārtem male colit, fortasse nōs in bellō nōn vincēmus. ...

6. Quartum, Numa pius fēcit sacerdōtem Quirīnī. Quis est Quirīnus? Ab initiō aliī Rōmānī, "Quirīnus," aiunt, "nōmen Sabīnum erat. Curēs erat mēnsa Sabīna, et hominēs quī in urbe habitābant Quirītēs vocābantur." Secundum Quirītēs Quirīnus erat pater Sabīnōrum et deus bellī. ...

7. Aliī Rōmānī, "interdum Mārs," aiunt, "Quirīnus vocātur. Quirīnus est secundum nōmen Mārtī." Aliī Rōmānī "Quirīnus," aiunt, "Rōmulus est. Rōmulus nunc erat lupus. Rōmulus erat fīlius deī bellī. Nunc Quirīnus erat deus Rōmulus."

8. Aliī Rōmānī "sī pater," aiunt, "Mārs est, et Mārs est Quirīnus, nōs Rōmānī omnēs Quirītēs sunt." Et sēdēs Mārtis et sēdēs Quirīnī erant in colle, cui nōmen erat collis Quirīnālis. Urbs Rōma habēbat septem collēs, et ursus Quirīnālis erat ūnus ē septem.

9. Nōs cīvēs Rōmānī colēbāmus et Quirīnum et Mārtem in colle Quirīnālī. Sacerdōs sacrificābat animal et orābat deōs. Fortasse nōs in caelō vincēmus.

10. Nunc Rōma erat urbs pia. Rōma habēbat augurem, quī intellegēbat vincula. Flāmen Diālis orābat Iovem et sacrificābat animālia Iovī. Similī modō sacerdōtēs Mārtem et Quirīnum bene orābant. Rōma urbs pia et Rōmānī piī erant.

Numa Pompilius

Capitulum Sextum

Nōmen:______________________
Diēs : ____/____/____
Quadrāns: _____ Hebdomas: _____

PĒNSUM D - Dēlīneā significātiōnem in arcā super locutiōnem!
Draw the meaning in the box above the phrase!

Capitulum Sextum - Cīvis Rōmānus - Dē Religiōne

Gaius	Augur aspexit avēs.	sella curūlis
considere	Mārs erat deus bellī	In bellō vincēmus.
In urbe habitābant.	Quirīnus	fīlius deī
sēdēs et arae	septem collēs	Orābat deōs.

Numa Pompilius

Capitulum Sextum

Nōmen:______________________

Diēs : ____/____/____

Quadrāns: _____ Hebdomas: _____

PĒNSUM E - Responde Latinē sententiīs complētīs! Reply in Latin in complete sentences!

Capitulum Sextum - Rōmulus

1. Quis fuit Gaius? **Ubi (where)** habitābat?

___

2. **Quōmodo (how)** Numa pius deōs coluit? **Quōs (whom/what pl.)** Numa corrēxit?

___

3. **Quae (what pl.)** augur aspēxit? **Quōrum (whose/of whom)** signa augur intellēxit?

___

4. **Cui (to whom)** Numa dēdit sellam curūlem? Quis gerēbat vestēs insignēs?

___

5. **Quid fit (what happens)**, sī sacerdōs Mārtem male colit? Quod nōmen est tertiō mēnsī?

___

6. **Quōmodo** vocābantur hominēs quī in urbe Curibus habitābant? Quis est pater Sabīnōrum?

___

7. Sunt**ne** Quirinus et Mārs similēs, ita **an** minimē? **Ubi (where)** erat sēdēs Mārtis?

___

8. Quod est nōmen collī? **Quot** collēs sunt Rōmae?

___

9. Quid significat Anglicē, "Fortasse nōs in bellō vincēmus"? Quis sacrificābat animal et deōs orābat?

___

10. **Quāis (what kind)** urbs Rōma erat? Quis orābat Iovem?

___

Numa Pompilius | Nōmen:______________________
Diēs : ____/____/____
Capitulum Sextum | Quadrāns: _____ Hebdomas: _____

I. Scrībe rēcta responsa in spatiīs! Ūtere verbis vel fīnibus in margine!
Write the correct answers in the spaces! Use the words or endings in the margin!

Capitulum Sextum - Rōmulus

Exercitium I

1. Nōmen mihi fu______ Gaius.
2. Senātōrēs ēlēg______ Numam rēgem esse
3. Numa fu______ vir pius et bene coluit deōs.
4. Tūne rēx Rōmae fu______ ? Nōs novōs fastōs fēc______ .
5. Numa fēc______ sacerdōtem Mārtis. Ego sacerdōtem nōn fēc______ .
6. Numa fēc______ augurem sacerdōtem esse, quī auguria intellēx______.
7. Vōs intellex______ annum per sōlem. Ego duodecim mēnsēs habu_____ .
8. Numa ded______ Flāminī Diālī sellam curūlem.

ego ___ī
tū ___istī
is/ea/id ___it

nōs ___imus
vōs ___istis
eī/eae/ea ___ērunt

Exercitium II

1. Numa, "volēbam," ______ , "Rōmānōs piōs esse."
2. Rōmānī, "Quirīnus," ______ , "nōmen Sabīnum est."
3. Ego, "Numa," ______ , "vir pius erat."
4. Tū "Ēgeria," ______ , "in nemore habitābat."
5. Numa, "Ēgeria," ______ , "nympha est."
6. Rōmānī, "interdum Mārs," ______ , "Quirīnus vocātur.
7. Ēgeria et Numa, "Necesse est," ______ , "fastōs corrigere.
8. Quirītēs, "Rōmulus," ______ , "deus est." Quid tū ______?

ego aiō
tū ais
is/ea/id ait

eī/eae/ea aiunt

Exercitium III

1. Flāmen Diālis or______ Iovem et sacrific______ animālia Iovī.
2. Ego vestēs insignēs nōn ger______.
3. Saerdōtēs animālia deīs sacrific______ et *deōs am*______.
4. Hominēs quī in urbe habit______ Quirītēs sē voc______.
5. Itaque nōs col______ Quirīnum et Mārtem similēs deōs bellī.
6. Urbs Rōma hab______ septem collēs. Vōsne in collibus habit______?
7. Rōma hab______ augurem, quī intelleg______ auguria.
8. Sacerdōtēs Mārtem et Quirīnum bene or______ .

ego -__bam
tū -__bās
is/ea/id -__bat

nōs -__bāmus
vōs -__bātis
eī/eae/ea -__bant

-ā-
-ē-
-ē-
-ī-

Numa Pompilius

Capitulum Sextum

Nōmen:______________________
Diēs : ____/____/____
Quadrāns: _____ Hebdomas: _____

Exercitium IV

1. Numa rēx _______ .
2. Ego cīvis Rōmānus nōn _______ .
3. Rōmānī Quirītēs _______ .
4. Flāmen Diālis sacerdōs Iovis _______ .
5. Hiems et vēr et aestās et autumnus partēs annī _______ .
6. Quirīnus pater Sabīnōrum et deus bellī _______ .
7. Nōs cīvēs Rōmānī nōn _______ . Vōs**ne** cīvēs Sabīnī _______ ?
8. Septem collēs Rōmae _______ . Collis Quirīnālis _______ ūnus ē septem.

ego fuī
tū fuistī
is/ea/id fuit

nōs fuimus
vōs fuistis
eī/eae/ea fuērunt

Exercitium V

Quod vocābulum est simile eōdem in modo?

What vocab word is similar in the same way?

1. pius : fortis :: colere : ________________
2. cīvis : pius :: mīles : ________________
3. solus : multī :: animāl : ________________
4. laetus : trīstis :: multī : ________________
5. Flāmen Diālis : colere :: mīles : ________________
6. vestēs insignēs : colere :: sella curūlis : ________________
7. animal : cīvis :: cīvis : ________________
8. deus : animal :: laetus : ________________

animal
cīvis
colere
deus
Flāmen Diālis
fortis
laetus
mīles
multī
pius
sedēre
sella curūlis
solus
trīstis
vestēs insignēs
vincere

Exercitium VI

1. Tertium, Num____ fēcit sacerdōt____ Mārti____
2. Mār____ erat de____ bell____ et pat____ Rōmul____.
3. Itaque fortasse erat pat____ omn____ Rōman________ .
4. Bon____ erat colere Mārt____. Mār____ erat fort____.
5. Sī sacerd____ Mārt____ bene orat, fortasse nōs quoque fiēmus fort____.
6. Et nunc terti____ mēns____ ann____ habuit nōm____ Mārt____.
7. Num____ pi____ fēcit sacerdōt____ Quirīn____.
8. Quirīn____ erat pat____ Sabīn________ et de____ bell____.

Singulāris

Nom/ Gen /Acc

-a / -ae / -am
-us/er/ -ī / -um
-um / -ī / -um
-___/ -is / -em

Plūrālis

Nom/ Gen /Acc

-ae /-ārum / -ās
-ī /-ōrum / -ōs
-a /-ōrum / -a
-ēs/-um/ium/ -ēs

Numa Pompilius

Capitulum Sextum

Nōmen:______________________
Diēs : ____/____/____
Quadrāns: _____ Hebdomas: _____

Exercitium VII

Salvē! Nōmen mihi fu_____ Gaius. Cīvis Rōmānus sum et Rōmae habitō. Alter rēx est nōbīs Rōmānīs, cui nōmen fu_____ Numa Pompilius.

Ego Numa fu_____ vir pius et bene colu_____ deōs. Ego Numa fastōs corrēx_____.

Numa pius quoque institu_____ multōs sacerdōtēs. Prīmum fēc_____ augurem sacerdōtem esse, quī bene intellēx_____ auguria deōrum. Augurēs multī aspex_______ avēs et intellēx_______ signa deōrum.

Deinde Numa pius fēc_____ flāminem Diālem. Flāmen Diālis _______ sacerdōs Iovis. Flāmen Diālis orāv_____ Iovem et sacrificāv_____ animālia Iovī. Iūppiter _______ pater et rēx deōrum, itaque bonum _______ habēre Flāminem Diālem et colere Iovem. Numa pius ______ . Fortasse nunc Rōmānī piī nunc _______ .

ego ___ī
tū ___istī
is/ea/id ___it

nōs ___imus
vōs ___istis
eī/eae/ea ___ērunt

ego eram
tū erās
is/ea/id erat

nōs erāmus
vōs erātis
eī/eae/ea erant

Exercitium VIII

Deinde Num____ pius fēcit flāmin____ Diāl____. Flām____ Diāl____ erat sacerd____ Iov____. Flāmen Diālis orābat Iov____ et sacrificābat animālia Iov____. Iūppiter erat pat____ et r____ deōrum, itaque bonum erat habēre Flāmin____ Diāl____ et colere Iov____ .

Num____ dedit Flāmin____ Diāl____ sell____ curūl____. Sell____ curūl____ est bon____. Etiam rēx Num____ in sellā curūlī sedet. Sī necesse est flāmin____ exspectāre vel sī fess____ fit, potest considere ubīcumque vult.

Num____ quoque dedit flāmin____ Diāl____ vest____ insign____. Vest____ insign____ erant pulchr____. Omn____ popul____ Rōmān____ vest____ insign____ nōn gerēbat, sed sōl____ Flāmen Diālis. Nunc Flāmen Diālis Iov____ orābat et colēbat. Is sacrificābat animālia Iov____ et amābat de____.

Singulāris
Nom/ Dat /Acc

-a / -ae / -am
-us/er/ -ō / -um
-um / -ō / -um
-___/ -ī / -em

Plūrālis
Nom/ Dat /Acc

-ae /-īs / -ās
-ī /-īs / -ōs
-a /-īs / -a
-ēs/-ibus/ -ēs

Numa Pompilius

Capitulum Sextum

Nōmen:______________________

Diēs : ____/____/____

Quadrāns: _____ Hebdomas: _____

Exercitium IX

Et sēd____ Mārtis et sēd____ Quirīnī erant in coll____, cui nōmen erat coll____ Quirīnāl____. Urb____ Rōm____ habēbat septem coll____, et coll____ Quirīnāl____ erat ūn____ ē septem. Nōs cīv____ Rōmān____ colēbāmus et Quirīn____ et Mārt____ in coll____ Quirīnālī. Sacerd____ sacrificābat animālia et orābat de____. Fortasse nōs in bell____ vincēmus.

Nunc Rōm____ erat urb____ pi____ . Rōma habēbat augur____, quī intellegēbat auguri____. Flām____ Diāl____ orābat Iov____ et sacrificābat animālia Iov____. Similī modō sacerdōt____ Mārt____ et Quirīn____ bene orābant. Rōm____ urb____ pi____ et Rōmān____ pi____ erant.

Singulāris
Nom/ Abl /Acc
-a / -ā / -am
-us/er/ -ō / -um
-um / -ō / -um
-__/ -e / -em

Plūrālis
Nom/ Abl /Acc
-ae /-īs / -ās
-ī_/-īs / -ōs
-a /-īs / -a
-ēs/-ibus/ -ēs

Numa Pompilius

Capitulum Sextum

Nōmen:________________________

Diēs : ____/____/____

Quadrāns: _____ Hebdomas: _____

Exercitium X

I. Implē indicēs verbīs fīnibus rēctīs ornātīs! Fill in charts with words with the right endings!

A. **Nōmen:** sella, sellae (f) - seat, chair **Dēclīnātiōnis:** _____

	LATĪNĒ SINGULĀRIS	**LATĪNĒ** PLŪRĀLIS	**ANGLICĒ** SINGULĀRIS
Nom			
Gen			
Dat			
Acc			
Abl			

B. **Nōmen:** deus, deī (m) - a god **Dēclīnātiōnis:** _____

	LATĪNĒ SINGULĀRIS	**LATĪNĒ** PLŪRĀLIS	**ANGLICĒ** SINGULĀRIS
Nom			
Gen			
Dat			
Acc			
Abl			

C. **Nōmen:** nōmen, nōminis (n) - name **Dēclīnātiōnis:** _____

	LATĪNĒ SINGULĀRIS	**LATĪNĒ** PLŪRĀLIS	**ANGLICĒ** SINGULĀRIS
Nom			
Gen			
Dat			
Acc			
Abl			

D. **Nōmen:** collis, collis (m) - hill **Dēclīnātiōnis:** _____

	LATĪNĒ SINGULĀRIS	**LATĪNĒ** PLŪRĀLIS	**ANGLICĒ** SINGULĀRIS
Nom			
Gen			
Dat			
Acc			
Abl			

Numa Pompilius

Capitulum Sextum

Nōmen:______________________

Diēs : ____/____/____

Quadrāns: _____ Hebdomas: _____

Exercitium XI

A. **Verbum:** orō, orāre, orāvī, orātum - to pray **(Praesentis)** **Coniugātiōnis:** _____

LATĪNĒ **ANGLICĒ**

	SINGULĀRIS	PLŪRĀLIS	SINGULĀRIS	PLŪRĀLIS
1				
2				
3				
I		XXXXXXXXXXXX		XXXXXXXXXXXX

B. **Verbum:** habeō, habēre, habuī, habitum - to have **(Imperfectī)** **Coniugātiōnis:** _____

LATĪNĒ **ANGLICĒ**

	SINGULĀRIS	PLŪRĀLIS	SINGULĀRIS	PLŪRĀLIS
1				
2				
3				
I		XXXXXXXXXXXX		XXXXXXXXXXXX

C. **Verbum:** colō, colere, coluī, cultum - to cultivate; worship **(Praesentis) Coni.:** _____

LATĪNĒ **ANGLICĒ**

	SINGULĀRIS	PLŪRĀLIS	SINGULĀRIS	PLŪRĀLIS
1				
2				
3				
I		XXXXXXXXXXXX		XXXXXXXXXXXX

D. **Verbum:** nesciō, nescīre, nescīvī, nescītum - not to know **(Imperfectī) Coni.:** _____

LATĪNĒ **ANGLICĒ**

	SINGULĀRIS	PLŪRĀLIS	SINGULĀRIS	PLŪRĀLIS
1				
2				
3				
I		XXXXXXXXXXXX		XXXXXXXXXXXX

Numa Pompilius

Capitulum Sextum

Nōmen:______________________

Diēs : ____/____/____

Quadrāns: _____ Hebdomas: _____

Exercitium XII

A. **Verbum:** fīō, fierī, —-, factum - to become, be made **(Praesentis)** **Coniugātiōnis:** _____

LATĪNĒ **ANGLICĒ**

	SINGULĀRIS	PLŪRĀLIS	SINGULĀRIS	PLŪRĀLIS
1				
2				
3				
I		XXXXXXXXXXXX		XXXXXXXXXXXX

B. **Verbum:** sum, esse, fuī, — - to be **(Imperfectī)** **Coniugātiōnis:** _____

LATĪNĒ **ANGLICĒ**

	SINGULĀRIS	PLŪRĀLIS	SINGULĀRIS	PLŪRĀLIS
1				
2				
3				
I		XXXXXXXXXXXX		XXXXXXXXXXXX

C. **Verbum:** sum, esse, fuī, — - to be **(Imperfectī)** **Coniugātiōnis:** _____

LATĪNĒ **ANGLICĒ**

	SINGULĀRIS	PLŪRĀLIS	SINGULĀRIS	PLŪRĀLIS
1				
2				
3				
I		XXXXXXXXXXXX		XXXXXXXXXXXX

D. **Verbum:** sum, esse, fuī, — - to be **(Perfectī)** **Coniugātiōnis:** _____

LATĪNĒ **ANGLICĒ**

	SINGULĀRIS	PLŪRĀLIS	SINGULĀRIS	PLŪRĀLIS
1				
2				
3				
I		XXXXXXXXXXXX		XXXXXXXXXXXX

Numa Pompilius

Capitulum Septimum

Nōmen:________________________

Diēs : ____/____/____

Quadrāns: _____ Hebdomas: _____

PĒNSUM A - Scrībe litteram prope verbum quod dēbet ponī in spatiō:

Write the letter next to the word which should be put in the blank:

Capitulum Septimum - Senātor Rōmānus

Salvē! Ego sum **–A–** Rōmānus. Quod est nōmen tibi? Nōmen meum est Lūcius.

Habitābam Rōmae. Nōs cīvēs Rōmānī alterum rēgem nunc habuimus. Prīmus rēx Rōmulus erat bonus dux mīlitum. Nunc secundus rēx erat pius et instituit multōs rītūs et caerimoniās deīs. Numa erat nōmen eī. Dēlectābat eum **–B–** deōs. Dēlectābat eum sacrificāre animālia deīs. Etiam dēlectābat eum orāre deōs. Numa rēx pius erat. Quoque correxit fastōs, et nunc habēbāmus duodecim mēnsēs ūnō in annō.

Quid nunc? Numa instituit sacerdōtēs Vestae. Sacerdōtēs deae Vestae nōn sunt virī sed fēminae. Exemplī gratiā, Rhēa Silvia erat sacerdōs Vestae in urbe, cui nōmen est Alba Longa. Rhēa Silvia erat māter Rōmulī et Rēmī. Pater erat Mārs. Hominēs quī **–C–** in Albā Longā colēbant Vestam deam. Vesta erat dea domī et focī. Quid est focus? Focus est pars domī saepe in medio. In focō ignis ardet et splendet vel flammae ardent et lūcent. Focus quoque est furnus. Hominēs parant vel coquunt cibum in furnō vel in focō. Domus fit calida quia ignis ardet in focō vel furnō. Rōmae domūs multae fiunt calidae quia **–D–** ardēbant in focīs vel furnīs.

Itaque in templō Vestae ignis ardēbat. Necesse erat ignī ardēre. Necesse erat sacerdōtibus cūrāre ignem. Necesse nōn erat sacerdōtibus ignem incendere, quia semper ardēbat. Hominēs, "sī ignis," aiunt, "in templō Vestae ardet, Rōma vincet in bellō. Sī *exstinguitur,* Rōma in bellō nōn vincet." Itaque ignis semper ardēbat, et nōn necesse erat eum incendere.

Certē bonum erat colere Vestam et habēre ignēs bonōs. Sī nōn habēmus ignēs fortēs, nōn possumus coquere cibum et bene **–E–** . Certē volēbam colere deam Vestam.

Numa instituit sacerdōtēs Vestae. Sed nōn licēbat fēminīs sacerdōtibus habēre maritōs vel līberōs. Id est, nōn licēbat virō ducere sacerdōtem in **–F–** . Et nōn licēbat sacerdōtibus parere puerōs vel puellās infantēs. Fēminae in templō Vestae ignem cūrābant et celebrābant festōs diēs.

Nunc Numa instituit sacerdōtēs Saliōs. Saliī erant sacerdōtēs Mārtis. Quid agunt Saliī? Saliī saliunt. Saliī quoque **–G–** carmina et pompās habent per sacrōs locōs in urbe Rōmā. Quid est pompa? Sī hominēs in ordine vel līneā ambulant ūnā per viam in urbe et carmina canunt et saltant, est pompa. Pompae mē dēlectant. Pompae multōs hominēs dēlectant.

Etiam Saliī ancīlia ferunt. Quid est ancīle? Ancīle simile scūtō vel clipeō est sed parvum et ligneum est. Ancīle formam circulī habet. Etiam clipeus **–H–** circulī habet. In bellō vir sē dēfendit vel protegit ancīlī vel scūtō. Aliī Rōmānī "ūnum ancīle," aiunt, "ligneum dē caelō cecidit. Ancīle sacrum deīs est. Itaque sacerdōs dēbet habēre ancīle ligneum et sacrum. Sī sunt multī similēs sacerdōtēs et multa similia ancīlia, nēmō ūnum ancīle sacrum **–I–** poterit." ****

Nunc fuit fīnis temporis rēgis alterius Numae. Numa rēx pius fuit et deōs bene coluit. Multa templa aedificāvit et multōs rītūs et caerimoniās deīs instituit. Numa rēx pius fuit. Numa pācem fēcit. Numa fēcit Rōmānōs discere disciplīnam pācis. Nunc Rōmānī deōs orābant et colēbant, familiās amābant, et bonōs **–J–** discēbant. Numa pius rēx alter bonus fuit.****

Vocābula:

1. ____ senātor **2.** ____ matrimonium **3.** ____ ignēs **4.** ____ mōrēs **5.** ____ colere

6. ____ canunt **7.** ____ comedere **8.** ____ formam **9.** ____ habitant **10.** ____ fūrārī

Numa Pompilius

Capitulum Septimum

Nōmen:________________________

Diēs : ____/____/____

Quadrāns: _____ Hebdomas: _____

PĒNSUM B - Scrībe litterās persōnīs in spatiīs!

Write the letters for the characters in the spaces!

Capitulum Septimum - Senātor Rōmānus

1. ____ Quoque corrēxit fastōs, et nunc habēbāmus duodecim mēnsēs ūnō in annō.

2. ____ Nōmen meum est Lūcius.

3. ____ Multa templa aedificāvit et multōs rītūs et caerimoniās deīs instituit.

4. ____ Pompās habent per sacrōs locōs in urbe Rōmā.

5. ____ Instituit sacerdōtēs Vestae.

6. ____ Pācem fēcit. Fēcit Rōmānōs discere disciplīnam pācis.

7. ____ **Ait**, "Gratiās Rōmulō! Gratiās Numae!"

8. ____ Saliunt et canunt carmina.

9. ____ Nunc fuit fīnis temporis rēgis alterius.

10. ____ Pompae **mē** dēlectant.

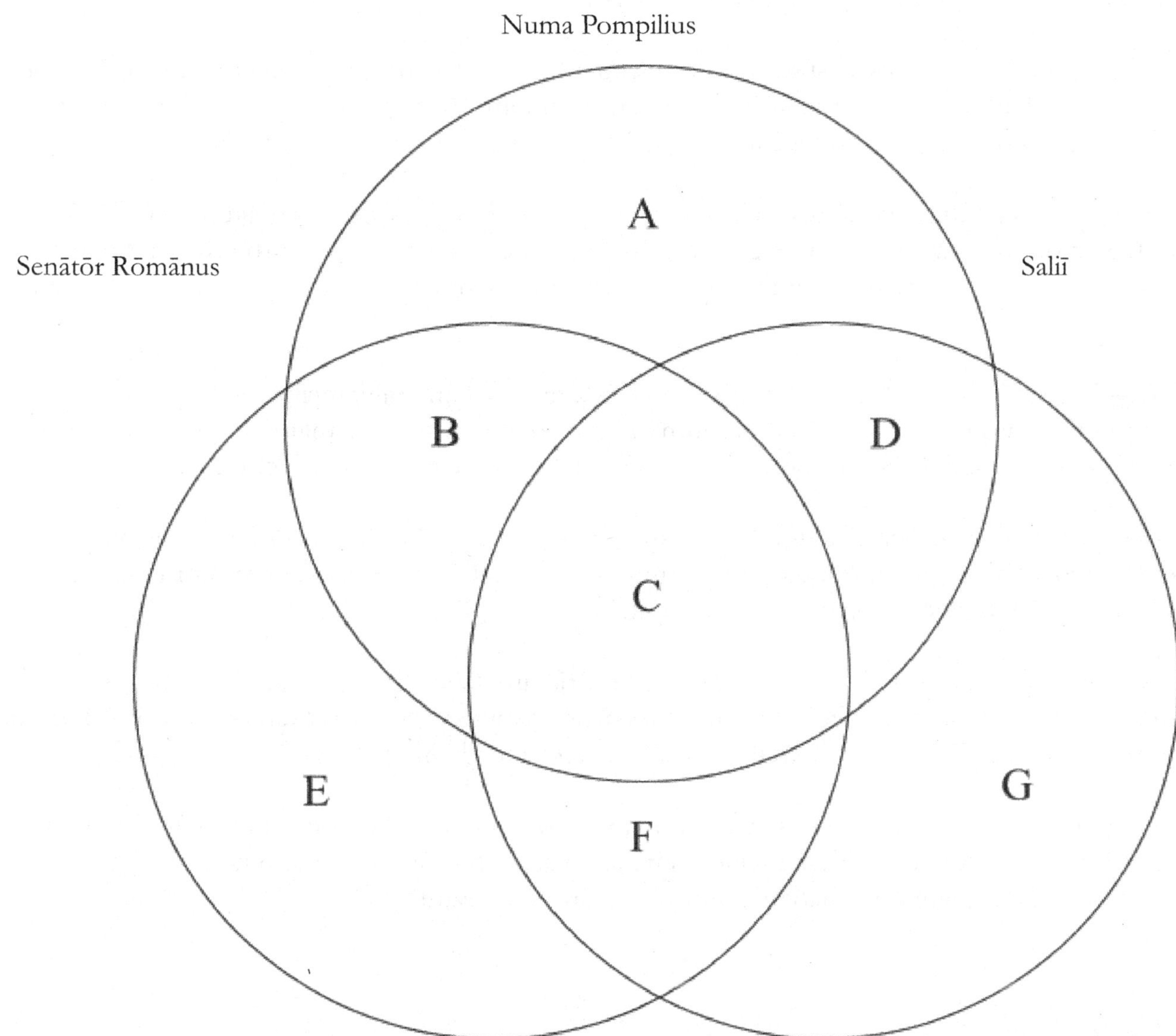

Numa Pompilius Nōmen:______________________

Diēs : ____/____/____

Capitulum Septimum Quadrāns: _____ Hebdomas: _____

PĒNSUM C - Dēlīneā circulum circum verbum prāvum quod nōn in fābulā est!

Draw a circle around the incorrect word which is not in the story:

Capitulum Septimum - Senātor Rōmānus

1. Salvē! Ego sum senātor Rōmānus. Quod est nōmen tibi? Nōmen meum est Lūcius. Habitābam Rōmae. Nōs cīvēs Rōmānī alterum magistrum nunc habuimus. Prīmus rēx Rōmulus erat bonus dux mīlitum. Nunc secundus rēx erat pius et instituit multōs rītūs et caerimoniās deīs. .****

2. Quid nunc? Numa instituit sacerdōtēs Vestae. Sacerdōtēs deae Vestae nōn sunt virī sed fēminae. Exemplī gratiā, Rhēa Silvia erat sacerdōs Vestae in urbe, cui ianua est Alba Longa. Rhēa Silvia erat māter Rōmulī et Remī. Pater erat Mārs. Hominēs quī habitābant in Albā Longā colēbant Vestam.

3. Vesta erat dea domī et focī. Quid est focus? Focus est pars domī saepe in medio. In focō ignis ardet et splendet vel flammae vident et lūcent. Focus quoque est furnus. Hominēs parant vel coquunt cibum in furnō vel in focō. Domus fit calida quia ignis ardet in focō vel furnō.

4. Rōmae domūs multae fiunt calidae quia ignēs ardēbant in focīs vel furnīs. Itaque in templō Vestae ignis ardēbat. Necesse erat ignī ardēre. Necesse erat fēlibus cūrāre ignem. Necesse nōn erat sacerdōtibus ignem incendere, quia semper ardēbat. .****

5. Numa instituit sacerdōtēs Vestae. Sed nōn licēbat fēminīs sacerdōtibus habēre maritōs vel līberōs. Id est, nōn licēbat virō ducere sacerdōtem in matrimonium. Et nōn licēbat sacerdōtibus parere puerōs vel puellās infantēs. Fēminae in templō Vestae canem cūrābant et celebrābant festōs diēs.

6. Nunc Numa instituit sacerdōtēs Saliōs. Saliī erant sacerdōtēs Mārtis. Quid agunt Saliī? Saliī saliunt. Saliī quoque canunt carmina et pompās habent per sacrōs ursōs in urbe Rōmā. Quid est pompa? Sī hominēs in ordine vel līneā ambulant ūnā per viam in urbe et carmina canunt et saltant, est pompa.

7. Pompae mē dēlectant. Pompae multōs hominēs amant. Etiam Saliī ancīlia ferunt. Quid est ancīle? Ancīle simile scūtō vel clipeō est sed parvum et ligneum est. Ancīle formam circulī habet. Etiam clipeus formam circulī habet. In bellō vir sē dēfendit vel protegit ancīlī vel scūtō.

8. Aliī Rōmānī "ūnum ancīle," aiunt, "ligneum dē bellō cecidit. Ancīle sacrum deīs est. Itaque sacerdōs dēbet habēre ancīle ligneum et sacrum. Sī sunt multī similēs sacerdōtēs et multa similia ancīlia, nēmō ūnum ancīle sacrum fūrārī poterit."

9. Dēlectābantne Saliī Mārtem? Nesciēbam, sed sperābam. Cūr saliunt? Nesciēbam. Saliī saliēbant, carmina canēbant, et mēnsās faciēbant mēnse Mārtiō et mēnse Octōbrī. Mēnsis Mārtius est initium temporis bellī in annō, et Mēnsis Octōber est fīnis temporis bellī. .****

10. Nunc fuit fīnis temporis rēgis alterius Numae. …Multa templa aedificāvit et multōs rītūs et caerimoniās deīs instituit. … Numa fēcit Rōmānōs discere fenestram pācis. Nunc Rōmānī deōs orābant et colēbant, familiās amābant, et bonōs mōrēs discēbant. .****

Numa Pompilius

Capitulum Septimum

Nōmen:______________________
Diēs : ____/____/____
Quadrāns: _____ Hebdomas: _____

PĒNSUM D - Dēlīneā significātiōnem in arcā super locutiōnem!
Draw the meaning in the box above the phrase!

Capitulum Septimum - Senātor Rōmānus

focus	Ignis ardet.	coquere cibum
furnus	femina et marītus	līberī
Ignis exstinguitur.	dūcere in mātrimōnium	Celebrābant festōs diēs.
ancīle ligneum	Canunt carmina.	Pompās habent per sacrōs locōs.

Numa Pompilius

Nōmen:______________________

Diēs : ____/____/____

Capitulum Septimum

Quadrāns: _____ Hebdomas: _____

PĒNSUM E - Responde Latinē sententiīs complētīs! Reply in Latin in complete sentences!

Capitulum Septimum - Senātor Rōmānus

1. Quod nōmen erat senātōrī Rōmānō? **Ubi (where)** habitābat?

____

2. Erat**ne** Rōmulus **an** Numa bonus dux mīlitum? **Agere quid (to do what)** dēlectābat Numam?

____

3. **Quōs (what pl.)** Numa corrēxit? **Quot (how many)** mēnsēs Rōmānī habēbant ūnō in annō?

____

4. **Cūius (whose/of whom)** sacerdōtēs Numa instituit? Quid ardet in focō?

____

5. **Quid** hominēs parant vel coquunt in furnō? **Quibus (for whom pl.)** necesse est cūrāre ignem?

____

6. **Quid fit (what happens)**, sī ignis in templō Vestae exstinguitur? Erat**ne** malum colere Vestam?

____

7. Licēbat**ne** sacerdōtibus habēre marītōs? **Quae (who pl.)** celebrābant diēs festōs in templō?

____

8. **Cūius** sacerdōtēs erant Saliī? **Quae** Saliī canunt?

____

9. **Ubi** Saliī pompās habent? Dēlectant**ne** pompae tē?

____

10. Quid cecidit dē caelō? Quis mēnsis est fīnis temporis bellī?

____

Numa Pompilius

Nōmen:____________________

Diēs : ____/____/____

Capitulum Septimum

Quadrāns: _____ Hebdomas: _____

I. Scrībe rēcta responsa in spatiīs! Ūtere verbis vel fīnibus in margine!

Write the correct answers in the spaces! Use the words or endings in the margin!

Capitulum Septimum - Senātor Rōmānus

Exercitium I - Quis fuit? Who was it?

1. Erat sacerdōs Vestae in urbe, cui nōmen est Alba Longa. __________
2. Erat pater Rōmulī et Remī. Deus bellī erat. __________
3. Dēbet orāre Iovem et sacrificāre Iovī. __________
4. Sacerdōtēs celebrant initium et fīnem temporis Mārtis. __________
5. Erat māter Rōmulī et Remī. __________
6. In nemore cum Numā colloquēbātur dē templīs et ārīs. __________
7. Numa dēbēbat dare **huic sacerdōtī** sellam curūlem. __________
8. Erat dea domī et focī. Ignis in templō ēius ardet. __________

Rhēa Silvia
Rōmulus
Remus
Mārs
Vesta
Numa
Ēgeria
Saliī
Flāmen Diālis
Iūppiter

Exercitium II

1. Numa instituit sacerdōt____ Vest____ .
2. Rhē____ Silvi____ erat māter Rōmul____ et Rem____ .
3. Rhē____ Silvi____ erat sacerdōs Vest____ .
4. Vest____ erat de____ dom____ et foc____.
5. Ancīle form____ circul____ habet. Iūppiter est pater et rēx deōrum.
6. Numa fēcit Rōmān____ discere disciplīn____ pāc____.
7. In pāce homin____ amant famili____ et de____ .
8. Curēs erat urbs Sabīn____. Fastī sunt dīvīsiōn____ ann____ .

Singulāris
Nom/ Gen /Acc
-a / -ae / -am
-us/er/ -ī / -um
-um / -ī / -um
-___/ -is / -em

Plūrālis
Nom/ Gen /Acc
-ae /-ārum / -ās
-ī /-ōrum / -ōs
-a /-ōrum / -a
-ēs/-um / -ēs

Exercitium III

1. Numa instituit multōs rītūs et caerimoni____ de____ .
2. Necesse erat ign____ ardēre. Necesse Num____ fast____ corigere erat.
3. Numa dēbēbat instituere di____ fast____ in quibus licēbat homin____ oper____ pūblic____ facere.
4. Necesse nōn erat sacerdōt____ ign____ incendere
5. Nōn licēbat vir____ dūcere sacerdōt____ in mātrimōni____.
6. Et nōn licēbat sacerdōt____ parere infant____.
7. Num____ mult____ sēd____ aedificāvit de____ nōn sacerdōt____.

Singulāris
Nom/ Dat /Acc
-a / -ae / -am
-us/er/ -ō / -um
-um / -ō / -um
-___/ -ī / -em

Plūrālis
Nom/ Dat /Acc
-ae /-īs / -ās
-ī /-īs / -ōs
-a /-īs / -a
-ēs/-ibus/ -ēs

Nōmen:______________________
Diēs : ____/____/____
Quadrāns: _____ Hebdomas: _____

8. Ancīle simile scūt____ vel clipe____ est.

Exercitium IV

Retractanda

mānē
merīdiē
nocte
vesperī

hieme
vēre
aestāte
autumnō

1. ________ herbae crēscunt.
2. ________ folia mutābant colōrēs.
3. ________ prīma pars diēī erat.
4. ________ sōl mediō in caelō lūcēbat.
5. ________ caelum est frīgidum et nōn sunt folia viridia.
6. ________ media pars diēī erat.
7. ________ lūna et astra lūcēbant.
8. ________ caelum calidum et serēnum est.

Exercitium V
Quod vocābulum est simile eōdem in modo?
What vocab word is similar in the same way?

ancīle
animal
caerimonia
calidus
cīvis
clipeus
dux
flamma
focus
frīgidus
furnus
homō
ignis
mīles
rēx
rītus

1. dux : mīles :: rēx : ________________
2. flamma : ignis :: furnus : ________________
3. frīgidus : calidus :: animal : ________________
4. furnus : focus :: ancīle : ________________
5. ignis : flamma :: caerimonia : ________________
6. dux : rēx :: mīles : ________________
7. rītus : caerimonia :: focus : ________________
8. clipeus : ancīle :: flamma : ________________

Exercitium VI - Quod vocābulum est simile eōdem in modo?
What vocab word is similar in the same way?

parāre
coquere
incendere
exstinguere
salīre
canere
saltāre
dēfendere
prōtegere
celebrāre
aedificāre

1. instituere : aedificāre :: parāre : ________________
2. salīre : saltāre :: dēfendere : ________________
3. incendere : coquere :: canere : ________________
4. parare : coquere :: salīre : ________________
5. instituere : incendere :: celebrāre : ________________
6. līberāre : claudere :: velle : ________________

Nōmen:______________________
Diēs : ____/____/____
Quadrāns: _____ Hebdomas: _____

7. coquere : protegere :: parāre : ________________
8. saltāre : coquere :: canere : ________________

instituere

Exercitium VII

Ego Rōmae habitā______ . Nōs cīvēs Rōmānī alterum rēgem nunc habu______. Prīmus rēx Rōmulus ______ bonus dux mīlitum. Nunc secundus rēx ______ pius et institu______ multōs rītūs et caerimoniās deīs. Numa ______ nōmen eī. Dēlectā______ eum colere deōs. Dēlectā______ eum sacrificāre animālia deīs. Etiam dēlectā______ eum orāre deōs. Numa rēx pius ______. Quoque fastōs corrēx______, et nunc nōs habē______ duodecim mēnsēs ūnō in annō.

Quid nunc? Numa institu______ sacerdōtēs Vestae. Sacerdōtēs deae Vestae nōn ______ virī sed fēminae. Exemplī gratiā, Rhēa Silvia ______ sacerdōs Vestae in urbe, cui nōmen ______ Alba Longa. Rhēa Silvia ______ māter Rōmulī et Remī. Pater ______ Mārs. Hominēs quī habitā______ in Albā Longā colē______ Vestam deam. Vesta ______ dea domī et focī.

ego -__bam
tū -__bās
is/ea/id -__bat

nōs -__bāmus
vōs -__bātis
eī/eae/ea -__bant

ego ___ī
tū ___istī
is/ea/id ___it

nōs ___imus
vōs ___istis
eī/eae/ea ___ērunt

eram, erās, erat, erāmus, erātis, erant

Exercitium VIII

Quid est foc____ ? Foc____ est pars dom____ saepe in medi____. In foc____ ign____ ardet et splendet vel flamm____ ardent et lūcent. Foc____ quoque est furn____. Homin____ parant vel coquunt cib____ in furn____ vel in foc____. Dom____ fit calid____ quia ign____ ardet in foc____ vel furn____. Rōmae dom____ mult____ fiunt calid____ quia ign____ ardēbant in foc____ vel furn____.

Itaque in templ____ Vestae ign____ ardēbat. Necesse erat ignī ardēre. Necesse erat sacerdōtibus cūrāre ignem. Necesse nōn erat sacerdōtibus ignem incendere, quia semper ardēbat. Homin____, "sī ignis," aiunt, "in templ____ Vestae ardet, Rōm____ vincet in bell____. Sī exstinguitur, Rōma in bell____ nōn vincet." Itaque ign____ semper ardēbat, et nōn necesse erat eum incendere.

Singulāris
Nom/ Abl /Acc
-a / -ā / -am
-us/er/ -ō / -um
-um / -ō / -um
-___/ -e / -em

Plūrālis
Nom/ Abl /Acc
-ae /-īs / -ās
-ī /-īs / -ōs
-a /-īs / -a
-ēs/-ibus/ -ēs

Numa Pompilius

Capitulum Septimum

Nōmen:______________________
Diēs : ____/____/____
Quadrāns: _____ Hebdomas: _____

Certē bon____ erat colere Vest____ et habēre ign____ bon____. Sī nōn habēmus ign____ fort____, nōn possumus coquere cib____ et bene comedere. Certē volēbam colere de____ Vest____.

Exercitium IX

Nunc fu_____ fīnis temporis rēgis alterius Numae. Numa rēx pius fu_____ et deōs bene colu_____. Rōmānī multa templa aedificāvi_____ et multōs rītūs et caerimoniās deīs institu_____. Numa rēx pius fu_____. Ego Numa pācem fēc_____. Ego fēc_____ Rōmānōs discere disciplīnam pācis. Nunc Rōmānī deōs orāv_____ et colu_____. Vōs, Ō Rōmānī, familiās amāv______ et bonōs mōrēs didic______ . Numa pius rēx alter bonus fu_____.

Sed Numa mortuus fu_____. Quis erit tertius rēx? Nesciō. Nunc ______ tempus inter rēgēs. Rōmānī interregnum habu______ . Gratiās Rōmulō! Rōmānī fortēs in bellō ______ . Gratiās Numae! Rōmānī didic______ disciplīnam pācis.

ego ___ī
tū ___istī
is/ea/id ___it

nōs ___imus
vōs ___istis
eī/eae/ea ___ērunt

ego eram
tū erās
is/ea/id erat

nōs erāmus
vōs erātis
eī/eae/ea erant

Numa Pompilius

Capitulum Septimum

Nōmen:______________________

Diēs : ____/____/____

Quadrāns: _____ Hebdomas: _____

Exercitium XI

I. Implē indicēs verbīs fīnibus rēctīs ōrnātīs! Fill in charts with words with the right endings!

A. **Nōmen:** pompa, pompae (f) - procession, parade **Dēclīnātiōnis:** _____

	LATĪNĒ SINGULĀRIS	**LATĪNĒ** PLŪRĀLIS	**ANGLICĒ** SINGULĀRIS
Nom			
Gen			
Dat			
Acc			
Abl			

B. **Nōmen:** focus, focī (m) - hearth, fire-place **Dēclīnātiōnis:** _____

	LATĪNĒ SINGULĀRIS	**LATĪNĒ** PLŪRĀLIS	**ANGLICĒ** SINGULĀRIS
Nom			
Gen			
Dat			
Acc			
Abl			

C. **Nōmen:** tempus, temporis (n) - time **Dēclīnātiōnis:** _____

	LATĪNĒ SINGULĀRIS	**LATĪNĒ** PLŪRĀLIS	**ANGLICĒ** SINGULĀRIS
Nom			
Gen			
Dat			
Acc			
Abl			

D. **Nōmen:** ignis, ignis (m) - fire **Dēclīnātiōnis:** _____

	LATĪNĒ SINGULĀRIS	**LATĪNĒ** PLŪRĀLIS	**ANGLICĒ** SINGULĀRIS
Nom			
Gen			
Dat			
Acc			
Abl			

Numa Pompilius

Capitulum Septimum

Nōmen:______________________

Diēs : ____/____/____

Quadrāns: _____ Hebdomas: _____

Exercitium XII

A. **Verbum:** sum, esse, fuī, — - to be **(Praesentis) Coniugātiōnis:** _____

LATĪNĒ **ANGLICĒ**

	SINGULĀRIS	PLŪRĀLIS	SINGULĀRIS	PLŪRĀLIS
1				
2				
3				
I		XXXXXXXXXXXX		XXXXXXXXXXXX

B. **Verbum:** sum, esse, fuī, — - to be **(Imperfectī) Coniugātiōnis:** _____

LATĪNĒ **ANGLICĒ**

	SINGULĀRIS	PLŪRĀLIS	SINGULĀRIS	PLŪRĀLIS
1				
2				
3				
I		XXXXXXXXXXXX		XXXXXXXXXXXX

C. **Verbum:** sum, esse, fuī, — - to be **(Perfectī) Coniugātiōnis:** _____

LATĪNĒ **ANGLICĒ**

	SINGULĀRIS	PLŪRĀLIS	SINGULĀRIS	PLŪRĀLIS
1				
2				
3				
I		XXXXXXXXXXXX		XXXXXXXXXXXX

D. **Verbum:** fīō, fierī, —, factum - to become, be made **(Praesentis) Coniugātiōnis:** _____

LATĪNĒ **ANGLICĒ**

	SINGULĀRIS	PLŪRĀLIS	SINGULĀRIS	PLŪRĀLIS
1				
2				
3				
I		XXXXXXXXXXXX		XXXXXXXXXXXX

Numa Pompilius

Capitulum Septimum

Nōmen:______________________

Diēs : ____/____/____

Quadrāns: _____ Hebdomas: _____

Exercitium XIII

A. **Verbum:** saltō, saltāre, saltāvī, saltātum - to dance **(Praesentis) Coniugātiōnis:** _____

LATĪNĒ **ANGLICĒ**

	SINGULĀRIS	PLŪRĀLIS	SINGULĀRIS	PLŪRĀLIS
1				
2				
3				
I		XXXXXXXXXXXX		XXXXXXXXXXXX

B. **Verbum:** ardeō, ardēre, arsī, arsum - to burn, be on fire **(Imperfectī) Coni.:** _____

LATĪNĒ **ANGLICĒ**

	SINGULĀRIS	PLŪRĀLIS	SINGULĀRIS	PLŪRĀLIS
1				
2				
3				
I		XXXXXXXXXXXX		XXXXXXXXXXXX

C. **Verbum:** canō, canere, cecinī, cantum - to sing **(Praesentis) Coniugātiōnis:** _____

LATĪNĒ **ANGLICĒ**

	SINGULĀRIS	PLŪRĀLIS	SINGULĀRIS	PLŪRĀLIS
1				
2				
3				
I		XXXXXXXXXXXX		XXXXXXXXXXXX

D. **Verbum:** saliō, salīre, saluī, saltum - to jump, leap, hop **(Imperfectī) Coniugātiōnis:** _____

LATĪNĒ **ANGLICĒ**

	SINGULĀRIS	PLŪRĀLIS	SINGULĀRIS	PLŪRĀLIS
1				
2				
3				
I		XXXXXXXXXXXX		XXXXXXXXXXXX

Numa Pompilius

Capitulum Septimum

Nōmen:________________________

Diēs : ____/____/____

Quadrāns: _____ Hebdomas: _____

Nōmen:______________________

Diēs : ____/____/____

V 2

Quadrāns: _____ Hebdomas: _____

I. Lege Latīne et transfer in linguam Anglicam hās rogātiōnēs et responsa ut colloquāris cum amīcō vel vīcīnō! Read in Latin and translate into English these questions and replies so that you may converse with a friend or a neighbor!

1. **Salvus/a sīs! / Salvī/ae sītis!** ______________________

2. **Quī vocāris?** ______________________
   a. Ego vocor .... ______________________

3. **Quid agis tū?** ______________________
   a. Mē habeō... ______________________
      i. perbellē ______________________
      ii. bellē ______________________
      iii. haud male quidem ______________________
      iv. plānē īnfelīciter ______________________
      v. fessus/a sum. ______________________

4. **Quō in gradū es?** ______________________
   a. In gradū _____ sum. ______________________
      i. quīntō ______________________
      ii. sextō ______________________
      iii. septimō ______________________
      iv. octāvō ______________________
      v. nōnō ______________________

5. **Quem cibum dēlectat tē edere?** ______________________
   a. Dēlectat mē edere... ______________________
      i. frustum būbulae ______________________
      ii. gallīnāceam (carnem) ______________________
      iii. acētāria commixta ______________________
      iv. panem fartum ______________________
      v. ōva ______________________
      vi. holera ______________________
      vii. orbiculōs batātae ______________________
      viii. batātās frīctās ______________________
      ix. congelidum crēmum ______________________
      x. socolātam ______________________

6. **Bene valeās! / valeātis!** ______________________

Made in the USA
Monee, IL
07 July 2025